围棋
布局革命

（日）芝野虎丸　著

苏　甦　译

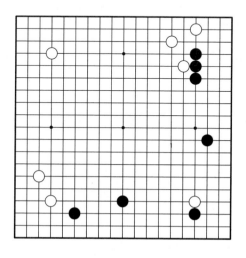

北方联合出版传媒（集团）股份有限公司

辽宁科学技术出版社

FUSEKI KAKUMEI

Toramaru Shibano 2021

Chinese translation rights in simplified characters arranged with The Nihon Ki-in
through Japan UNI Agency, Inc., Tokyo

© 2024，辽宁科学技术出版社。

著作权合同登记号：第06-2023-273号。

图书在版编目（CIP）数据

围棋布局革命 /（日）芝野虎丸著；苏甦译. —沈阳：
辽宁科学技术出版社，2024.10

ISBN 978-7-5591-3520-9

Ⅰ.①围… Ⅱ.①芝… ②苏… Ⅲ.①围棋—布局（棋
类运动） Ⅳ.①G891.3

中国国家版本馆CIP数据核字（2024）第064217号

出版发行：辽宁科学技术出版社
　　　　　（地址：沈阳市和平区十一纬路25号　邮编：110003）
印　刷　者：天津创先河普业印刷有限公司
经　销　者：各地新华书店
幅面尺寸：170mm × 240mm
印　　张：14
字　　数：200千字
印　　数：1~4000
出版时间：2024年10月第1版
印刷时间：2024年10月第1次印刷
责任编辑：于天文
封面设计：潘国文
责任校对：韩欣桐

书　　号：ISBN 978-7-5591-3520-9
定　　价：58.00元

联系电话：024-23284740
邮购热线：024-23284502
E-mail:mozi4888@126.com
http://www.lnkj.com.cn

前　言

　　大家看了NHK杯电视快棋赛的电视讲解，棋圣战、名人战等比赛的网络直播之后会不会有这样一种感觉："好像没人下中国流布局了……""连有宇宙流美誉的武宫正树九段也不下三连星了啊……"

　　确实如此。近四五年以来，围棋布局已经历了天翻地覆的变化。

　　改变的契机源自2016年AI"阿尔法围棋"的横空出世。在这之后水平明显高于人类的AI不断推陈出新，布局的常识就此改变。

　　本书将从这一观点出发，为各位读者解答"为什么原来非常流行的人气布局如今消失"的原因。

　　同时我也对最近的布局、定式进行了研究。AI展示的新手段令人惊叹，因此可能会有变化图过于高级而无法做出判断。

　　关于这些变化我会尽可能做出简明的讲解。如果本书能够让各位读者有所收获是我的荣幸。

芝野虎丸

2021年6月

目　录

第一章　流行布局衰退的理由

第一章将选出日本昭和至平成时代十分流行但现在变得少见（或者已经有了衰退趋势）的布局，并对出现这样变化的原因进行讲解。

　　带来改变的原因当然是AI的出现，总结下来重点是对围棋价值观理解的改变——比如重视角部实地、对边和中腹的模样评价不高等。

　　带着这个思路阅读本章内容，就可以了解三连星、中国流、迷你中国流等以往非常流行的布局如今淡出视野的原因了。

问题 1

三连星

以往的流行布局为何淡出人们的视野？先从至今仍然在各位业余爱好者心中拥有极高人气的三连星开始讲起吧。

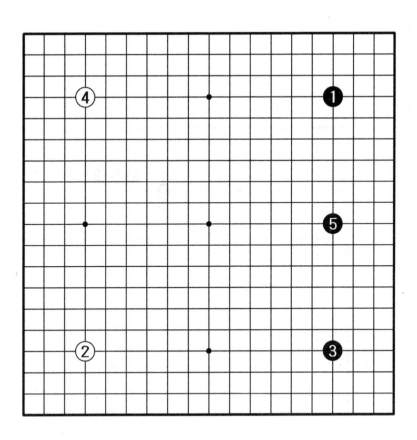

为什么职业棋手们都不下三连星了呢?

先说一下结论。三连星的下法在职业棋手口中的评价是"很难获胜"。

现在开始进行讲解其中缘由。最重要的一点是"模样很难围"。当然也受到AI对于模样的评价不高的影响。

关于三连星布局的下法——

图1 白1挂角,黑2一间低夹,白3至黑8告一段落。这是一个非常经典的定式。接下来根据这个变化进行讲解。

此时白7可以——

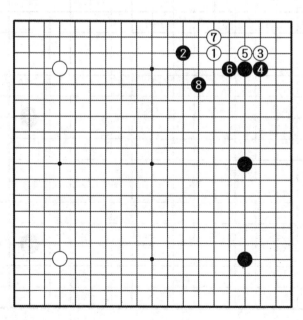

图1

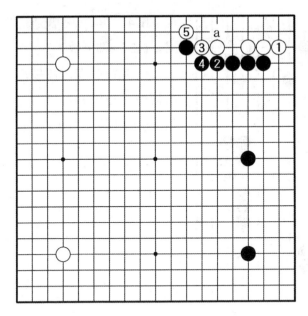

图2

图2 白1立同样是以前的定式，黑2压，白a立。

但是AI给出了白3顶、5扳的变化，这是十分有力的下法。白1立给黑棋右边模样带来了空隙，如果黑棋要补，则白棋可以获得先手在右下落子。

现在回到图1——

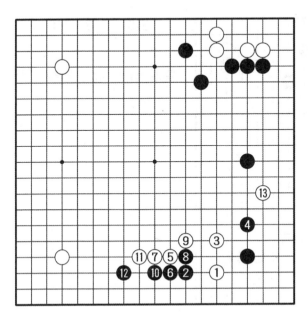

图3

图3 白1挂角，黑还是2位一间低夹，白3跳也是可选择的变化之一。

黑4跳，白5飞压。黑6至12出头，白13在右边打入严厉。对于白棋来说明显有利。

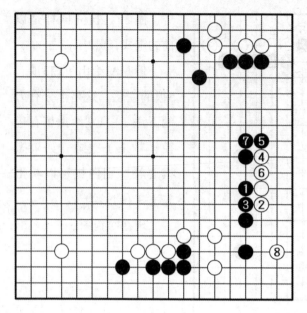

图4　黑1压是普通应对。白2至8即可做活。

黑棋右边模样被破坏的同时，还没有可以攻击白下边的手段。白好。

图 4

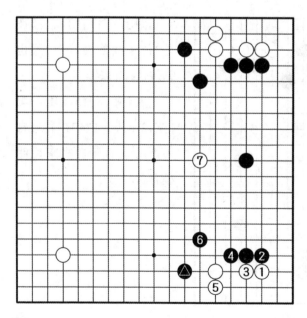

图5　黑△一间低夹，白还可以1位，仍然点三三获取角地。进行至黑6，白7侵消好点。

图 5

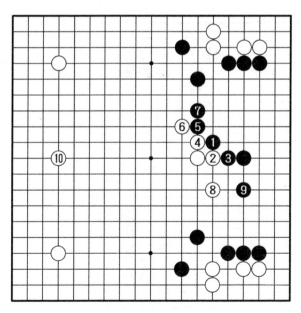

图6

图6 黑1镇，白2碰好手。

进行至白8，白棋顺利整形出头，可以满意。

图7

图7 黑1是白棋非常欢迎的应法。白2至黑9先手利，白棋获得先手，白10占据左边大场。

右边黑棋有40目左右的实地；白棋左上角和右上角各有10目角地，再加上左边三连星的未来潜力，白棋大优已成必然之势。中央的白棋还可以为左边的模样发展做出贡献。

13

综合以上理由，三连星的下法在职业棋手对局中逐渐淡出。AI登场之后针对布局的研究关键点就是"形成大模样的难度很大"。

但这仅仅是针对职业水平而言的。各位爱好者要考虑到对自身有利的攻击手段，三连星扩张模样还是可以选择的有利下法。

所以对于图4、图6的变化，如果读者看到觉得还是"黑可战"，请继续采用三连星开局。选择自己喜好的布局是最重要的。

这里给喜欢三连星下法的读者一个建议。

图3中的黑2——

图8 黑1"五五"小尖是好手。

白2点三三，黑3挡，白4爬，黑5小飞。白6、8托退做眼，黑9粘交换。白10、12扳粘确保做活，黑13脱先抢占大场。

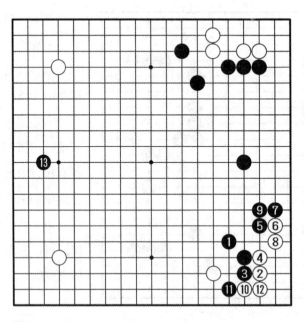

图 8

问题2

中国流

中国流在数年前因为"可以获得实地和模样的均衡"而成为最流行的布局之一。

但是现在……

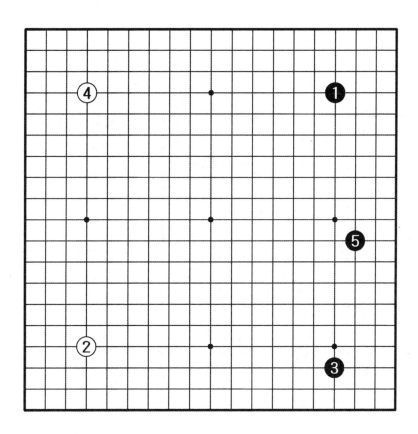

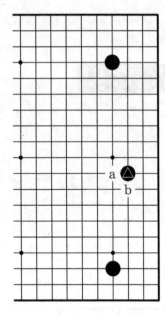

图1

如此流行的中国流布局衰退的原因是AI给出了有利的下法。

图1 黑△是低中国流的布局，黑a是高中流的布局，黑b是变相中国流的布局。这里就以低中国流为例展开讲解。

黑a、b在职业对局中出现减少的原因也是如此。

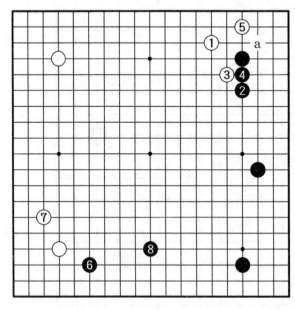

图2

图2 白1小飞挂角，黑2一间跳之后，以为白a点三三比较常见。如今白3飞刺、5小飞进角是有力下法。

接下来黑6、8扩张下边，与角上形成两翼张开的模样。

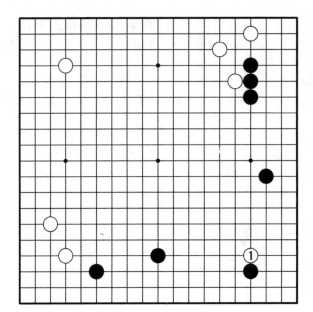

图3

图3　白1碰是AI研究的手段。这是冲击中国流模样的好手。

以前的话——

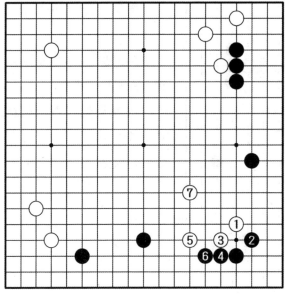

图4

图4　白1挂角，黑2小尖、白3小尖交换形成定式。

这样白棋虽然也可下，但是现在的定论明显是图3的白1更好。

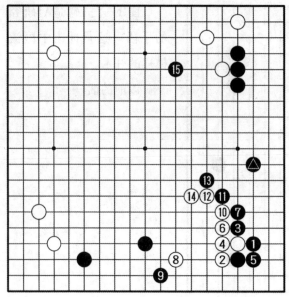

图 5

图5 黑1在角上扳，白2外扳。

面对黑3、5，白6拐、8拆边是既定手段，这样一来白棋成功整形。黑9小飞，白10至14继续补强。

此时可以看出黑△一子与右下的子力配置明显重复，黑不满，也就是说现在白好。

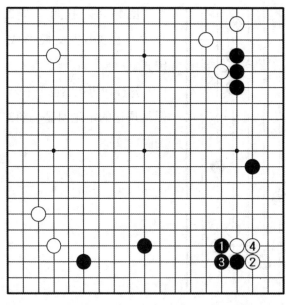

图 6

图6 黑1外扳，白2进角。

黑3粘，白4粘获取角地，白棋仍然满意。

也就是说，不论黑棋从哪个方向扳，白棋都可以就地做活。

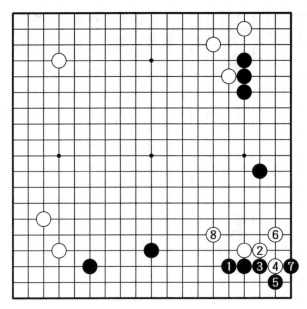

图 7

图7 黑1长不给白棋凑调整形的机会。

但是白2立，4、6扳虎是准备好的应对手段。

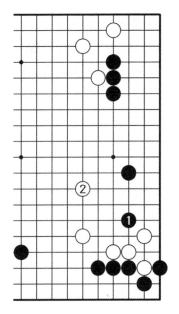

图 8

图8 黑1攻击，白2跳是不拘泥右下数子轻松应对的好手。

上图和本图白棋仍然可下。对于白棋碰，不论黑棋如何应对，白棋都可以腾挪成功。

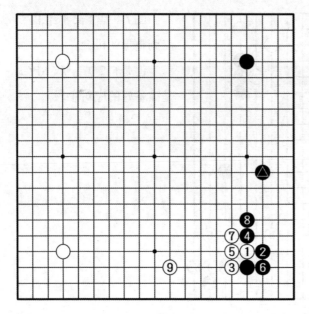

图 9

以上是中国流布局逐渐淡出视野的理由。在中国流小目一边碰的话——

图9 黑棋在下边构成模样之前，本图的下法同样可以满意。

白1直接碰，黑2扳角，白3外扳，进行至白9告一段落。黑△一子的位置重复，白棋可以满意——

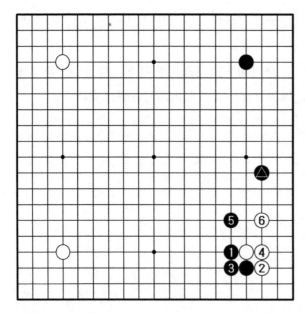

图 10

图10 黑1外扳，白2至6进角做活。这样黑△一子位置仍然效率不高，白好。

问题 3

迷你中国流

与上题中的中国流一样，迷你中国流也曾是职业棋手之间非常流行的布局。

同样是在AI登场以后瞬间就消失得无影无踪。

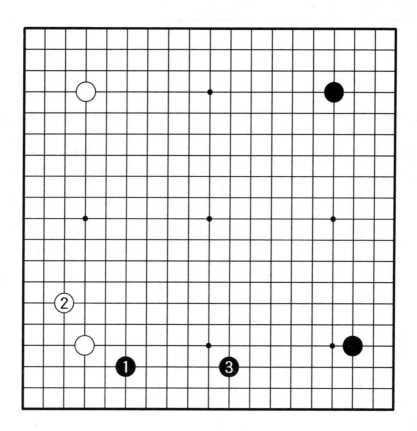

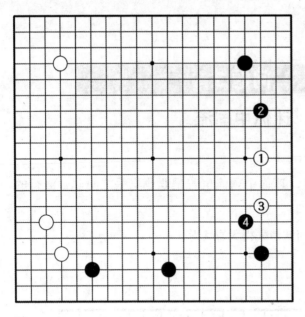

图1

图1 黑棋迷你中国流开局，白1分投。黑2、白3、黑4是黑充分的下法。

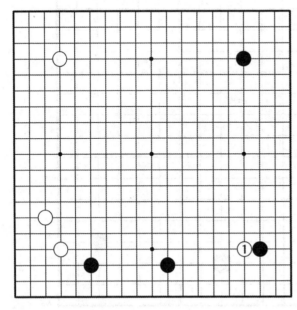

图2

图2 AI给出了白1碰的手段，因此导致了迷你中国流的淡出，理由与上题中国流相同。

后续变化与中国流基本相同，可以合并阅读理解。

图3 黑1扳获取角地，白2外扳应对。进行至白8拆三整形告一段落，黑△一子明显重复，本图白满意。

接下来尝试用手割法研究，将本图中白6和△、黑3和5去掉——

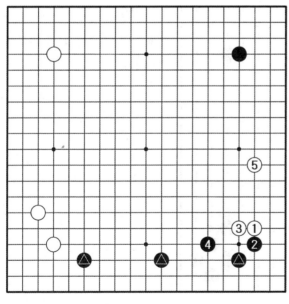

图3

图4 黑棋子△全在三线。白1挂角，黑2、4应对。

黑△三三棋子处于低位，接下来黑2、4继续在下边围空，明显棋子分布过于偏向下边，黑不满。

图4

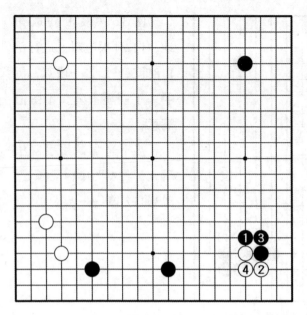

图5

图5　黑1外扳，白2进角、4粘获得角地，白满意。黑3若是——

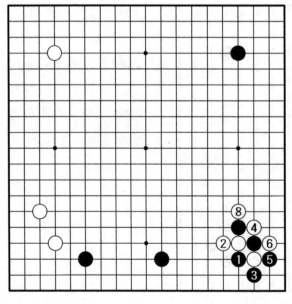

图6

7=粘

图6　黑1、3断吃反抗，白4至8征子有利，转换白好。

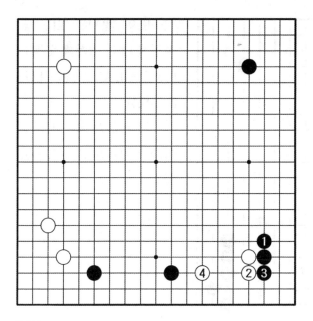

图 7

图7 黑若1位长，白2立、4拆二。

黑棋原本意在用下边模样来争胜负，而本图中白棋在下边已经确保根据地，明显还是白优。

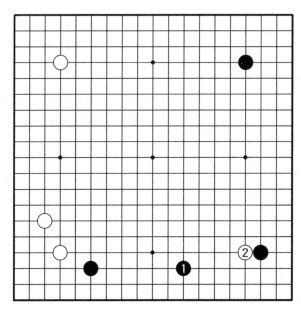

图 8

图8 黑1更靠近右边一路，是迷你中国流的变形。

这样一来白棋没有上图白4拆二的空间，直接侵入很难"简单做活"。这也是黑1的目的。但即使如此，白2碰仍是强手。

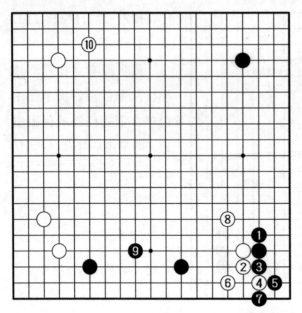

图9

图9 黑1长，白2立。接下来白4、6扳虎交换，白8轻灵出头，仍然可以侵消黑模样。

以上是迷你中国流逐渐淡出的理由，还有一点需要说明——

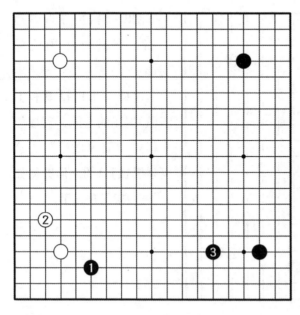

图10

图10 最近黑3二间跳守角的下法开始流行起来。

AI对于黑3评价极高，在比赛对局中频频出现，这也是迷你中国流消失的因素之一。

问题 4

星·无忧角

星·无忧角的组合在很久以前就已经出现，被称作"实地与模样分布均衡、坚实的布局"。

很多的流行布局都经历了从出现到消失的历史过程……

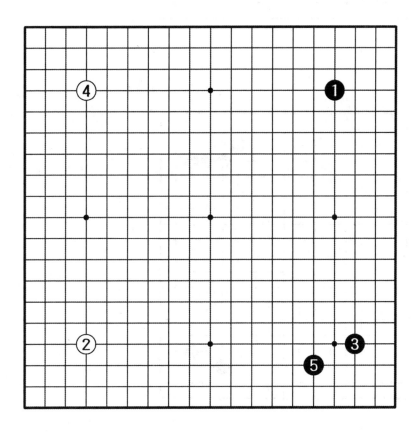

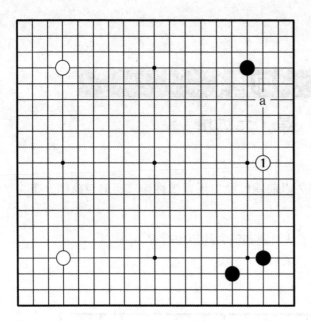

图1 针对白1分投或者a位挂角的下法有过大量研究，曾出现了很多流行布局。随着AI出现——

图1

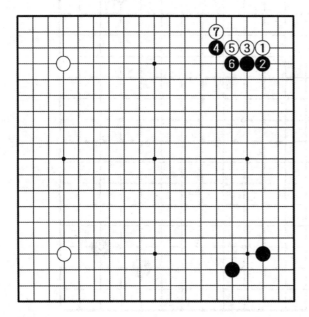

图2 白1点三三是有力的应手。

黑2挡进行至白7获得角地——

图2

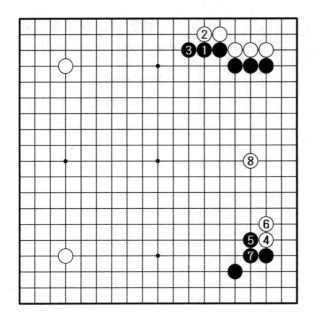

图3

图3　黑1、3长，白4获得先手碰也是AI研究的好手。黑5、7应对，白8拆边，明显是白棋有利的局面。

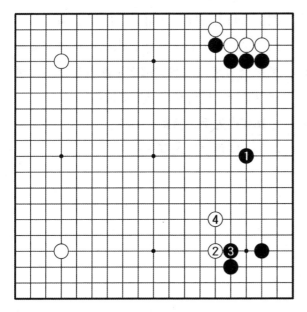

图4

图4　黑1占据右边大场，白2肩冲。黑3、白4交换控制黑右边模样发展，这样一来黑棋子全部偏向右边，白无不满。

AI认为"小飞守角占地小，可以使之变成凝形"，这也是白棋此时的思考方针。

图2中的黑4小飞如果选择其他下法——

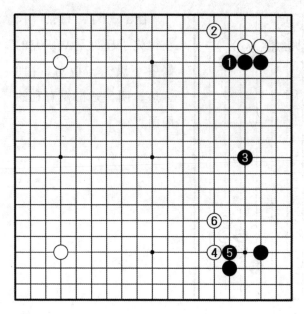

图5

图5 黑1长也是最近常常出现的手段，此时白2小飞应对即可。

黑3占据大场，白4位肩冲将小飞守角变成凝形。

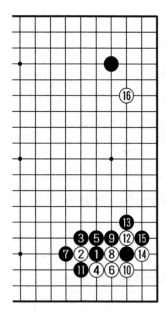

图6

图6 黑1若一间跳守角，白2会直接碰。

以下是其中一种变化图，白试图将黑变成凝形，黑尽全力避开。双方都在不断发起反击，最终白获得角地，进行至黑15形成转换。

白16获得先手，黑稍有不满。

除了一间跳之外还有——

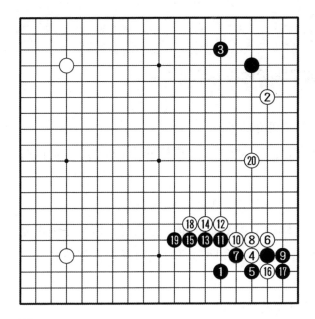

图7

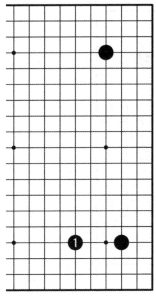

图8

图7 黑1大飞守角也曾一度流行。与小飞守角相比占地更大，同时不易变成凝形。

但是黑1位置低，白2、黑3交换之后，白4碰好手。进行至黑19，黑子力偏向下边，白20在右边形成理想的厚势。

大飞守角还是有被利之嫌。

图8 因此黑1二间跳的守角方式开始流行，不仅步伐大，还不用担心被对手利用。

三连星之后的推荐手段①

问题1中讲到了三连星布局被废弃的理由。

自从AI出现，侵消模样的手段在不断进步，模样的价值变低。与此同时实地越发得到重视。

即使如此，三连星布局中白挂角应对，黑也有好的手段。

不论模样的评价如何，这样的下法AI虽然也不会认可，但对于围棋爱好者们来说，能够向对手发起攻击的手段明显可以在对局中占据更有利的位置。

接下来展开讲解，请各位读者灵活运用。

图1 黑1、3压长是朴素下法，但十分有利。

我想一定会是各位爱好者能够简单上手、可以活用的手段。

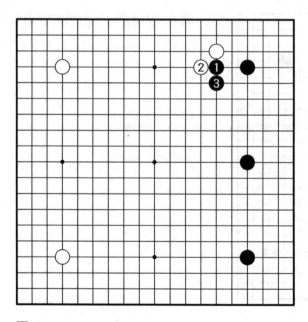

图 1

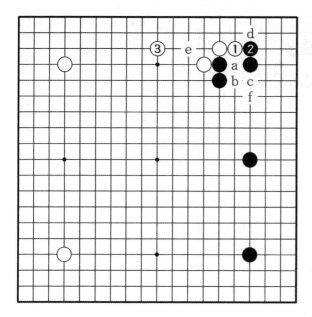

图2

图2 白1长、黑2挡必然。

接下来白a、黑b、白c冲断不成立。黑d、白e、黑f打吃即可。

白3拆边，接下来——

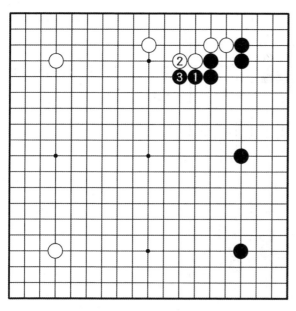

图3

图3 黑1拐、3压是虎丸流的推荐手段，就这样一鼓作气扩张模样吧。

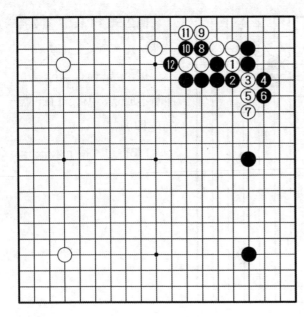

图 4

图4 此时不用担心白1、3冲断的手段。

黑4、6角上做活，进行至白7长交换。黑8断，白9、11只此一手。黑12提掉白两子。

此时白棋被分断的三子棋形薄、无根，明显黑优势。

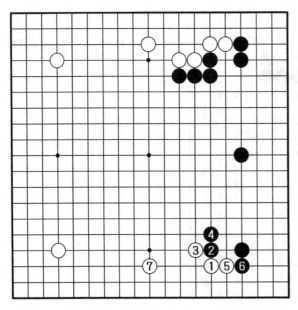

图 5

图5 白1若在右边小飞挂角，黑还是2、4压长。面对三连星，黑棋压长没有问题。

但是白7拆边时——

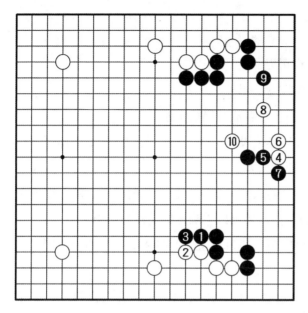

图 6

图6 此时黑1、3的下法略不满。

虽然不是恶手，但此时白获得先手之后可以4位破空，进行至白10，黑棋暂时没有好的攻击手段。

所以黑1可以——

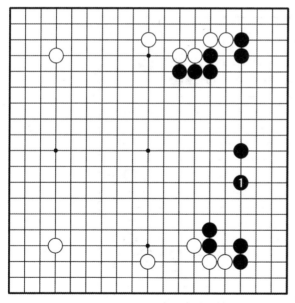

图 7

图7 本图黑1是推荐下法。至此右边可以说已经基本是黑棋实地。

有了这么大的模样，黑无不满。后续进程明显占据有利位置。

如果对上页的图7不满，白可以——

图8 白1从内侧挂角，黑2尖顶、4跳。

白5拆一，黑6小尖攻击，右上已经成为黑棋实地。

这样的模样，即使一边被破坏也没有关系，将周围的地方加强即可——拥有这样的思考方式在对局中非常重要。

只要有这样的思路，就不会陷入"只要对方进入我的模样，就一定要全部吃光"的误区之中无法自拔，同时还可以正确发挥模样的作用。

模样不是实地。模样的目的是"通过攻击对手打入的棋子而获取周围的实地"。

所以三连星布局也不是一定要获得右边实地，而是要这样想："如果对手在右上打入，那么我加强右下；如果在右下打入，那么我加强右上即可。"保持棋局均衡最重要。

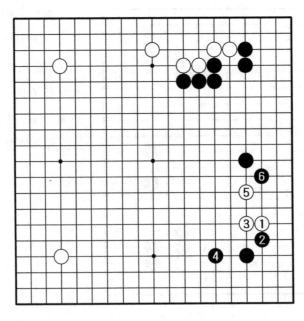

图 8

问题 5

小林流

黑1、3之后为了配合空角而在5、7拆边的下法是"小林流"。

这是小林光一九段在获得棋圣八连霸、名人七连霸、小棋圣六连霸时期常用的布局。

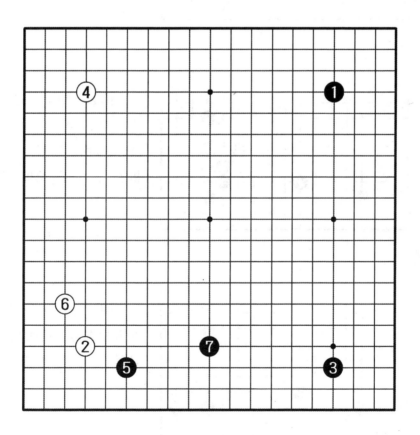

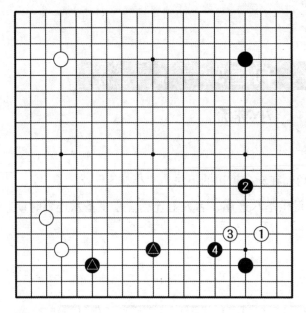

图1

小林流是有速度感的布局，不论对局者的水平高低，都受到了热烈欢迎。

图1 白1小飞挂角、黑2夹击。白3跳、黑4小飞应对。这是与黑▲搭配得当的好形。

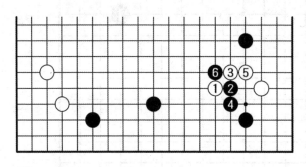

图2

图2 白1二间跳出头，黑2、4应对。白5联络，黑6断。周围都是黑棋棋子，战斗明显黑棋有利。

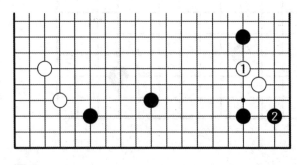

图3

图3 白1小尖，黑2跳夺取根据地。此时周围都是黑子，还是黑棋有利。

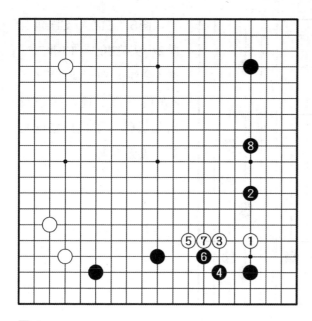

图 4

图4 白1一间高挂，黑2二间高夹。白3、5跳出头，黑6先手补强下边，黑8拆二，这是小林光一九段非常喜欢的局面。

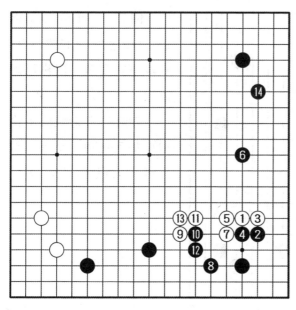

图 5

图5 白1二间高挂，黑2、4守角。白5长，黑6夹击，白7、9之后，黑10、12先手交换之后，黑14小飞守角。黑行棋速度极快。

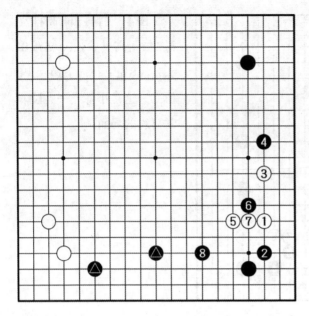

图 6

图6 白1大飞挂角，黑2小尖守角。白3拆二，黑4逼住。白5跳，黑6、8守住下边实地。可以看出与黑△一子棋形搭配良好，黑无不满。

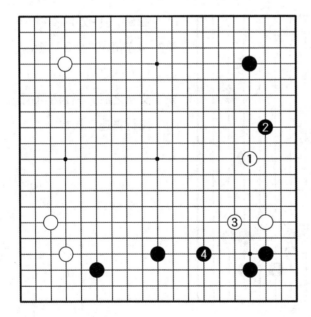

图 7

图7 白1超大飞拆边，黑2逼住。白3跳，黑4获取下边实地，黑棋可以满意。

当时的定论是"不论白棋如何挂角，结果都是黑棋可以满意的局面"。

之前的图4、图5就是这样的变化图。黑棋可以同时获得下边的实地和右边拆边，行棋速度较快，这也是小林流最大的特色。

但如今小林流在职业棋手对局中已经几乎绝迹，这是为什么呢？

这是因为思考的常识出现了根本性的变化。接下来将具有代表性的变化选出三种进行讲解。

图8 白1一间高挂，黑2二间高夹应对。白3跳、黑4跳交换是常形。

接下来白棋开始变着。白5、7托退与黑8交换之后，白9二线做眼。现在的评价是这样一来"白可战"。

白9的下法以往被认为棋子位置过低，是委曲求全的下法。但现在被认为是在黑棋势力范围中成功治孤的好手。

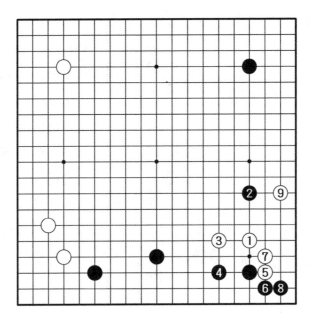

图8

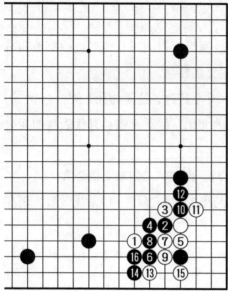

图 9

图9　白1大飞也是有力的下法。

黑2、4靠出，AI认为白7、9直接冲断黑角一子即可。这样的变化白好。

甚至AI还给出了——

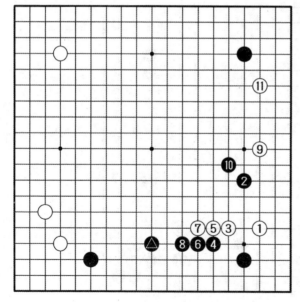

图 10

图10　白1、3出头之后直接5、7压，这在以往的围棋常识中是不能接受的，因为是在"五线压"。获得先手以后白9、11先在右边落子，而且黑△变成凝形也是白棋的目的之一。

如今这样的思路被认可，小林流也就自然地淡出了视野。

问题 6

新小林流

黑1、3占据空角之后黑5小飞守角被称为"新小林流"。

这是小林光一九段喜爱的布局下法，可以理解为小林流的改良版。

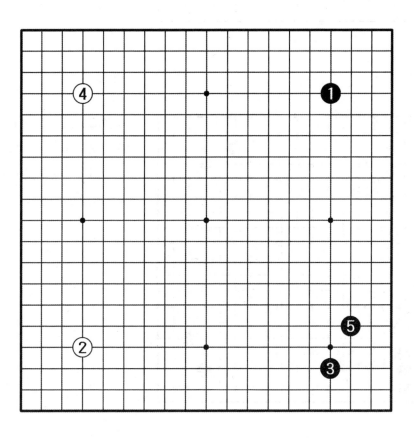

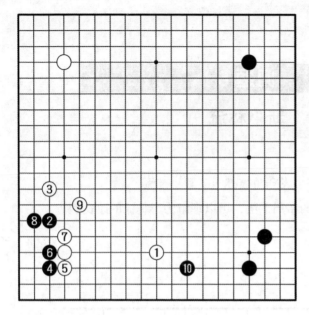

图 1

图1 白1拆边，黑2挂角，白3夹击，黑4点三三获取实地。白9定式告一段落，黑10获得先手占据大场。这样的布局小林光一九段胜率极高。

确实，这样的进程黑棋行棋步调快，是小林光一九段擅长的局面。

现在的话，黑8可以——

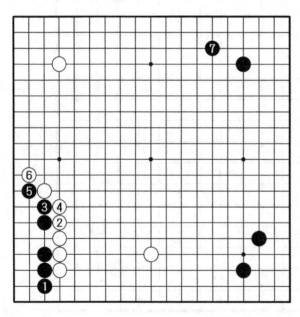

图 2

图2 黑1立，白2压，黑3顶获得先手，黑7可以抢占大场。黑棋的行棋步调较图1更加快速。

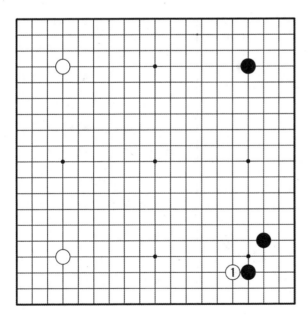

图3

图3 在数年以前的下法，白会选择1位小飞守角应对。

后续白a、b、c拆边棋形更好，这样一来可以限制新小林流的发展。

图4

图4 AI给出的选择是白1碰，这是有利的下法，从而导致了新小林流的淡出。

白1的思路在下页中进行讲解。

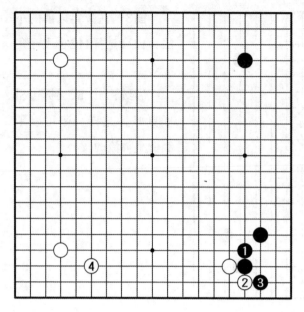

图5

白棋碰小飞守角意在将黑角上棋形变成凝形——

图5 黑1长应对，白2、黑3交换白棋已经得利。

接下来白4小飞守角已经优于图3。

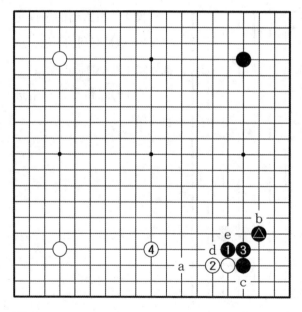

图6

图6 黑1扳、3粘，白4拆边。这样的交换仍然是白棋先手利。如今黑想下在a位已经不那么容易了。

虽然右下黑棋得到了强化，但是黑▲位置太近（至少应该在b位）。即使让黑棋再厚实一下也是厚上加厚的凝形。

黑3若在c位立，白d拐与黑e交换之后再4位拆边，结果仍然没有改变。

这样一来白棋可以让黑棋变成凝形，白无不满——

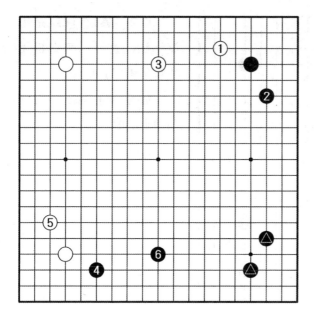

图7

图7 此时白1、3在上边占据大场也是一种选择。

曾经的思路是"让黑▲与黑4、6形成理想形,白不能接受"。

AI给出的建议是,小飞守角棋形狭窄,白棋可以比黑棋占据更大的阵地——

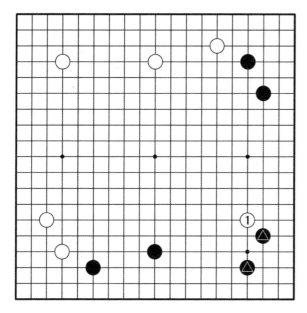

图8

图8 白1肩冲就是白棋的应对思路。

最近"小飞守角是局促棋形"的认知不断强化,所以现在黑棋会选择——

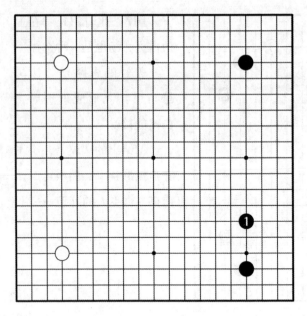

图 9

图9 黑1二间跳是主流下法。这样一来白棋无法将黑棋变成凝形。

如今到了突出小飞守角缺点的时代……

问题 7

小飞守角·小目

小飞守角和小目的组合可以获得相当的实地。对于以获取实地为获胜目的的围棋来说，是正确的选择。

如今的对局中也会出现，但流行程度已经大大降低。

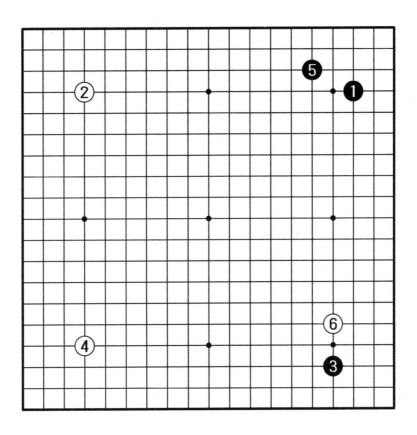

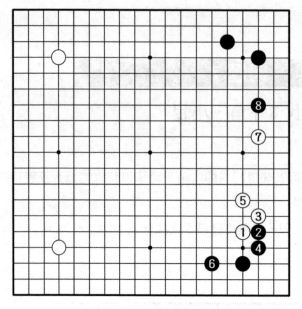

图 1

图1 白1一间高挂，黑2、4托退，进行至黑6获取角地。白7拆边，黑8拆二，这是非常常见的布局。

但是从七八年前开始，白7的下法出现了变化——

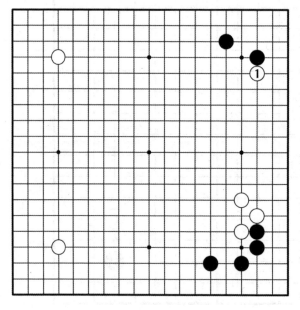

图 2

图2 白1碰登场，导致了该布局的淡出。

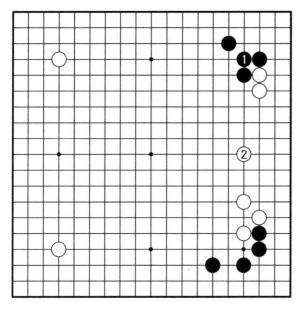

图 3

图3 黑1、3应对，白4拐与黑5长交换之后，白6拆边。

这样一来图1中黑8拆二的选点已经消失，白棋满意。虽然黑棋局面并没有落后，但因为有了白△的手段，布局淡出已成定局。

黑3如果——

图4 黑1粘也是局部下法之一，但这样一来黑右上角棋形已经有变重的感觉。

白2拆边，可以满意。

图 4

图2中的白1碰是在AI之前人类发明的手段。因为这手棋，小飞守角加小目的布局已经越发少见。

但是AI登场之后，白棋不会选择高挂，而是——

图5　白1小飞挂角应对。因此该布局变得更加淡出人们的视野。

以前的思路认为"右上守角之后黑2夹击是绝好点，白1不太满意……"。

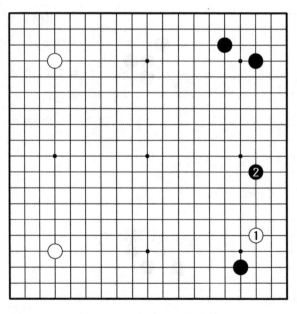

图 5

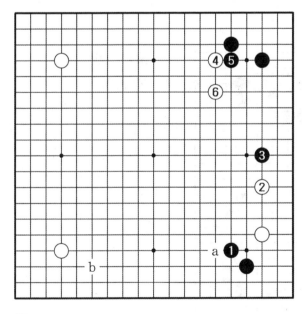

图6

图6 AI觉得白1、3飞压与黑4跳出头交换是先手利。

确实，经过白1至黑4之后，白可以获得先手，并不会被攻击。所以可以认为本图白棋有利。

接下来白5肩冲，白棋在右上和右下都处于低位，白无不满。

为了避免白1飞压——

图7 黑1小尖或者a位小飞出头，白2拆二棋形可以满意。黑3逼住，白4凑调肩冲。

但是最新的思路是"黑3的选点为时过早"，黑3选择在b位等左下扩张也是一种选择。

图7

三连星之后的推荐手段②

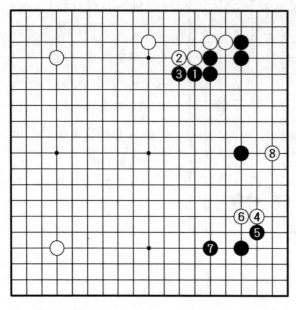

图1

图1 推荐下法黑1、3之后，白4若在里面挂角，黑5、7应对。

接下来白8在二线侵分如何？我想不喜欢这手棋的人很多，因为棋子都在低位并不足惧。

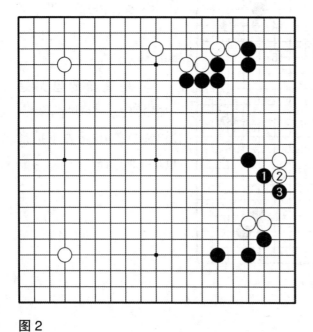

图2

图2 黑1小尖，白2爬，黑3扳断。

图3 白1断，黑2、4渡过。

白7、9至13在上边做活，黑14大飞吃掉白上边五子可以满意。

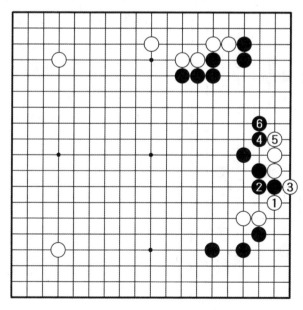

图3

图4 白1、3虽可以渡过，但是没有眼位。黑4小尖好手。

白棋子全在二线，后续必然遭到黑棋攻击，同时黑棋周围可以获得实地。

图4

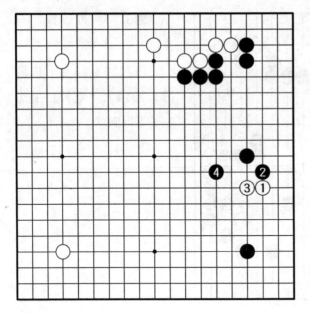

图5 白1打入,黑棋的行棋思路仍然不变。黑2尖顶,4小飞。

右下被破,但可以确保右上的实地在手。

图5

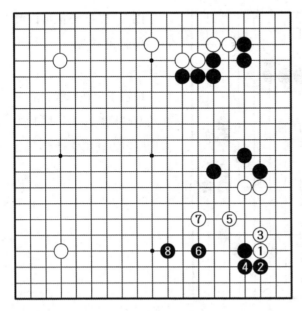

图6 白1、3托退之后5、7整形,黑2、4应对之后6、8拆边,自然地确保了右下的实地。

本图当然也是黑棋有利。

图6

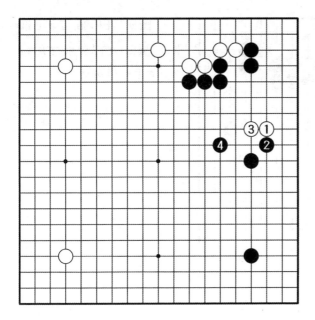

图7

图7 白1从上边打入，黑棋的基本思路相同。

黑2、4应对，这样一来"右上被破，但是右下得到了加强"。

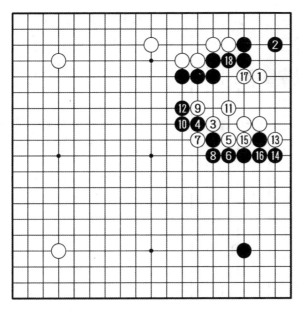

图8

图8 白1拆二之后3、5做眼，黑不用费力想着吃掉白棋。

白3、5之后进行至13、15做活，黑16在外围形成巨大厚势，本图黑大优。

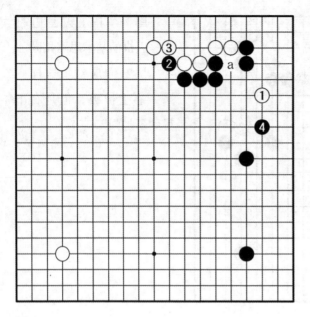

图 9

图9　白1瞄着a位冲断。黑2、白3交换之后，黑4夹击，黑可战。

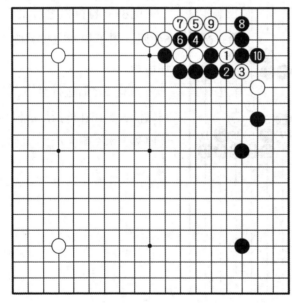

图 10

图10　此时若白1、3冲断，黑4打吃，白5、7不得已，黑6先手提掉白两子，棋形厚实。

黑8先手利，黑10在角上做活。这样一来白两子已经自然死亡。

第二章　常识的改变与星位的价值观

本章中会针对没有特定名称但是以前很流行的布局手段，以及夹击、挂角相关的思路变化进行讲解。

比如以前觉得"星位双飞燕价值很大"，但现在可以允许对手这样下。这是为什么呢？

在日本平成时代后期，针对小目的大飞挂角以及二连高挂非常流行，为什么现在已经几乎绝迹？

本章会试图回答"为什么是这个布局"的问题。

问题8

星·小飞守角

右上角黑1星位，右下角黑3小目占角，接下来黑5在右上角小飞守角的布局最近十分常见。

本图比黑A小目之后B位小飞守角的棋形更靠左一路，将两者进行比较是本题的核心内容。

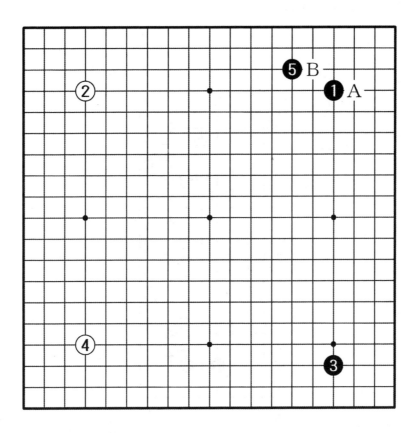

以往的思路认为"星位守角仍然留有点三三的手段，实地所得不大，所以小目守角更好"。

但是现在小目之后小飞守角的下法越来越少，而星位守角的下法开始受到重视。

这种变化的根源在哪里呢？我们先回头再确认一下小目守角布局衰退的原因。

图1 黑1小飞守角布局，白2挂角，黑3、5托退之后获得了右上和右下的实地。接下来白a拆边、黑b拆二是既定手段，此时白8碰好手，进行至白14，局部白满意——因此这样的布局开始淡出人们的视野。

同时白2的下法，AI认为——

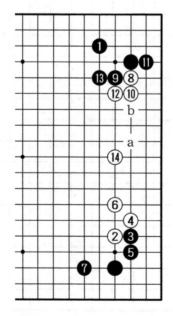

图1

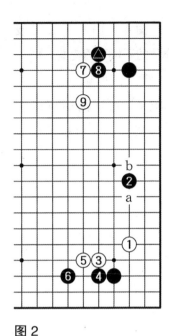

图2

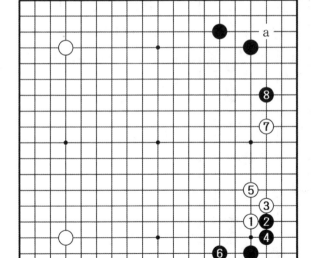

图3

图2　白1小飞挂角是有利的手段。黑△不是好点。

黑2夹击，AI认为白3飞压好点。进行至黑6，黑棋子全部处于低位，白7肩冲好点，本图白好下。

黑2若在3或者5位应对，白a拆二。黑b、白7肩冲，仍然是白满意的局面。

现在的思路认为"小目占角、小飞守角的棋形一旦被肩冲就会成为凝形"。

因此星位守角的布局登场。

图3　白1高挂，白3、5应对之后黑8大飞逼住。

虽然白棋留有a位点三三的后续手段，但最近认为这样反而在可以围空的时候获得更多的实地。白7也不能如图1中的白8那样落子，这对于黑棋来说是一个利好。

那么白7——

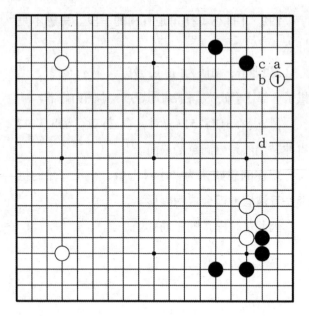

图4

图4 白1"二四侵分"的手段可以考虑。

黑a，白b，黑c，白d拆三。这样的话可以防止黑棋拆边，白棋可以满意。但是——

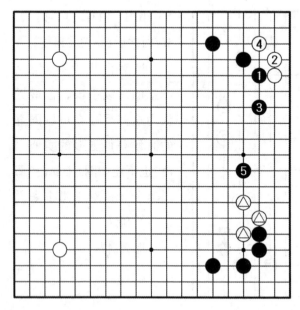

图5

图5 黑1、3从外面应对，白4获得角地，黑5对白△三子发起攻击，黑好调。

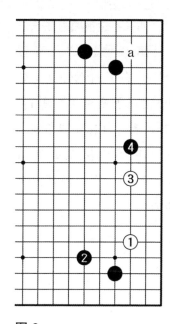

图6 白1小飞挂角，黑2应对，白3拆边，黑4逼住。

同样此时黑棋不担心留有白a点三三的后续手段。

图 6

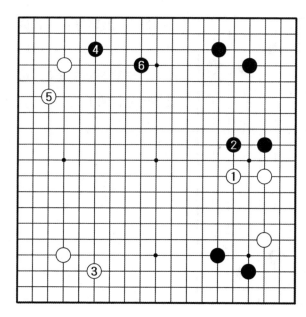

图 7

图7 白1跳，黑2跳，白3小飞守角，黑4、6在左上获得模样，黑好调。

该布局重要的是，不要担心白棋会来破坏模样。黑2只需要如6位扩大模样即可。

此时白棋若从右上角侵入，则黑上边形成模样；若在上边侵入，则右上角地和右边可以获得实地——此时黑棋的心态就是"不论白棋从哪里开始打入都好，黑棋还可以在其他地方获取实地"。这样的思路对于扩张模样的布局来说非常重要。

65

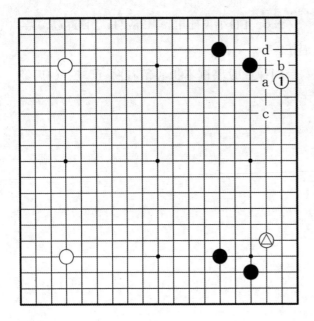

图 8

如果不想被黑逼住——

图8 白1"二五侵分"。右下白△轻灵（如图5白三子变重），黑a，白b，黑c，白d获取角地。接下来不论黑棋如何落子，对于白△来说都没有压力。

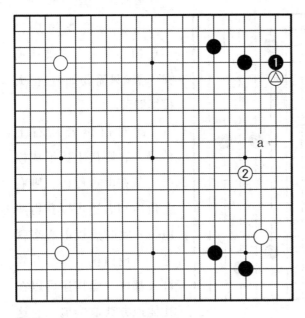

图 9

图9 黑1守角，白2拆边。白△与黑1的交换可以使黑无法轻易占据a位，这是最近流行的下法。

问题 9

星位挂角

黑1小飞挂角、黑3超大飞与星位构成模样的下法虽不像三连星、中国流一样有特定的名称，但在职业棋手和各位爱好者之间都曾颇受欢迎。

但是现在，职业棋手对局中已经很少见到。

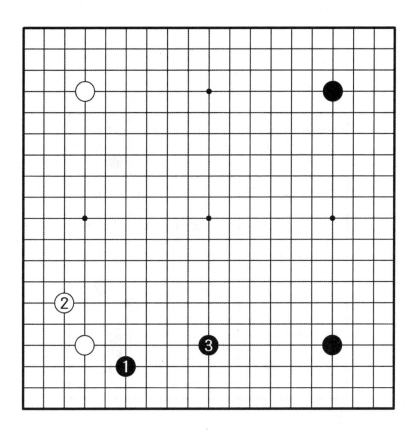

图1 白1挂角，黑2夹击，白3至黑8定式告一段落。本图也和三连星一样，是职业棋手、业余爱好者都爱用的布局之一。

喜好模样的人会选择黑棋，酷爱实地的棋手会觉得白好下——这是一个有明显倾向的局面。但长年的对局下来可以看出，这是一个双方可下的布局。

那么白7——

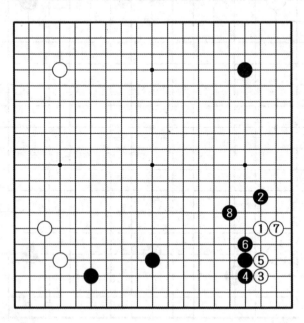

图 1

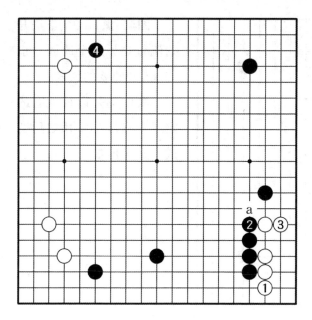

图 2

图2 白可以1位立，黑2、白3告一段落。此时黑获得先手，黑4挂角占据大场。

与图1不同的一点是，本图白棋落了后手。但下边黑模样明显薄弱，白还有a位扳的后续手段，各有优劣。

数年前AI表示白3可以——

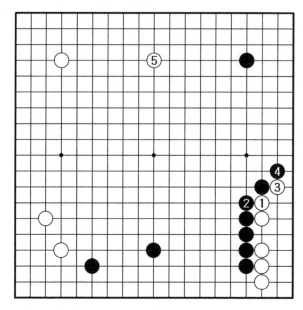

图 3

图3 与之前所提到的（P10）一样，白1可以顶、3扳获得先手，白5脱先他投占据大场。这样的快速应法很快就在职业棋手之间广泛传播开来。

下边黑模样仍然不完整，而本图白棋获得先手。同样是白先，本图明显要优于图1。

综上所述，这就是星位挂角构成模样布局逐渐淡出的原因。除此之外还有一点。

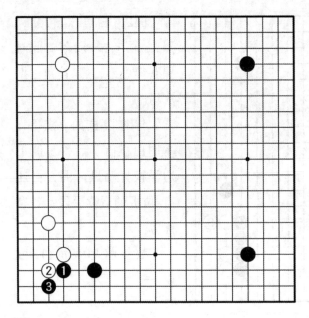

图4

图4　黑1、3的下法开始流行是另一个原因，也许这是更重要的因素。

黑1、3是以往就有的定式，自从AI常用之后变成了流行下法。

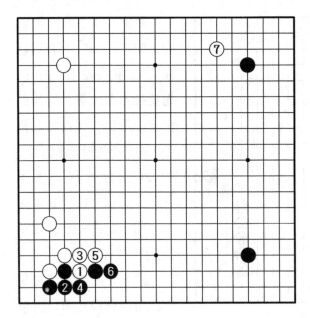

图5

图5　白1、3，黑4联络，白5、黑6交换之后白获得先手7位挂角抢占大场，这是现在最常出现的变化。

黑棋获得角地并且已经就地做活，可以满意。AI更倾向于完整的棋形，也因此被人类棋手全盘吸收。

伴随着白1、3手段的流行，问题图中的黑3几乎淡出。但我个人觉得与星位构成模样的思路仍然是可选的下法之一。

虽然图3中白1可以获得先手，黑棋稍有不满。这导致了星位构成模样的下法减少，但并不是完全落后。各位爱好者如果喜欢模样布局，仍然可以按照喜好来做出选择。

还有一个曾经极为常见的下法——

图6 黑1小飞进角的手段也已经几乎绝迹。

这一点后续进行讲解。

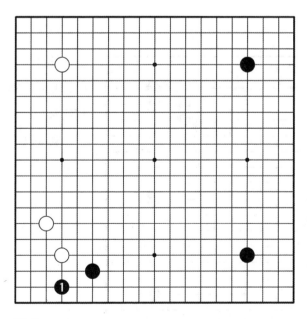

图6

三连星之后的推荐手段③

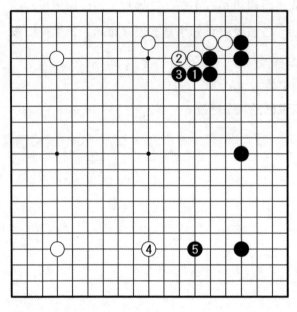

图1

图1 黑1、3之后，若白4拆边占据大场，推荐黑5继续扩大模样，引诱白棋打入。

模样的关键是在被打入的另外一边和周围获取实地。

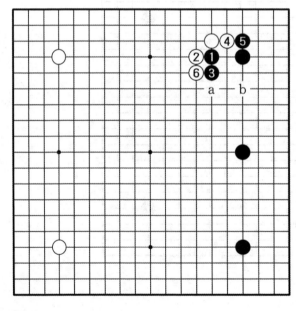

图2

图2 黑1、3压长，黑5挡，此时白6反击，黑应该如何应对？

黑a扳或者b位跳都有被利之嫌。

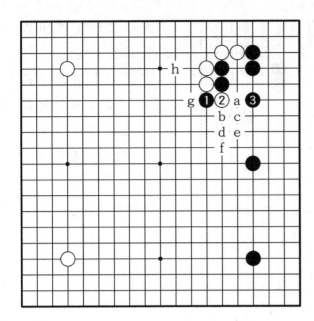

图 3

图3　黑1扳只此一手。

白2断并不可怕，黑3跳是好形。

黑3若在a位打吃是俗手。白b、黑c，进行至白h，中腹战斗黑不利。

黑3以后——

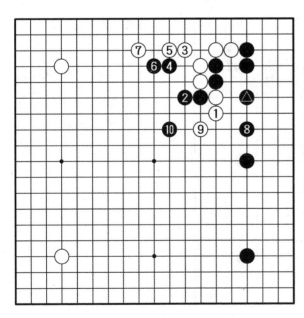

图 4

图4　白1长，进行至黑10，形成黑有利的互攻局面。

请记住黑△整形的手段。

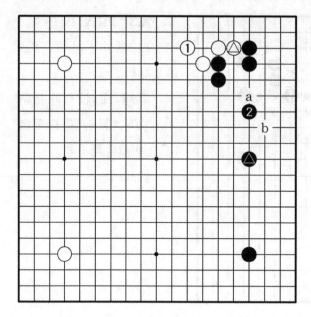

图 5

图5 白1虎，黑2可以二间跳应对。

定式书上的选点都是黑a一间跳，但这样的话，白还有b位打入的可能性。黑2与黑▲的棋子搭配更为合理。

再回到开始，白▲如果——

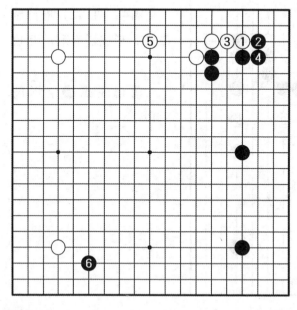

图 6

图6 白1托，黑2、4获取角地。

白5大飞拆边，黑6挂角占据大场。黑棋继续扩大模样，可以满意。

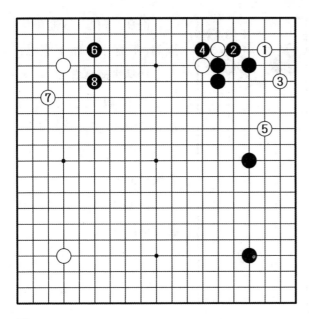

图 7

图7 若白1点三三、黑2虎分断。白3小飞，黑4断吃白一子。

白5在右边出头，黑6挂角之后黑8跳。本图黑棋在上边形成模样，棋形立体，明显黑棋满意。

那么再把棋子往回追溯——

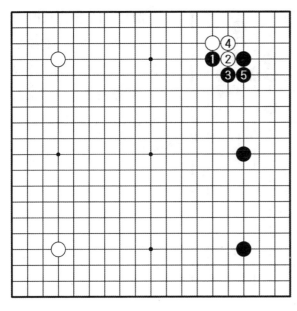

图 8

图8 黑1压，白2挖，黑3打吃、5粘是简明的应手。

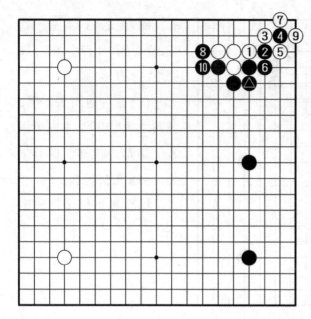

图 9

图9 白1、3进角，黑4连扳好手。接下来黑8扳、10粘棋形厚实。

站在职业棋手的角度，本图黑实地似乎略有不满，但成功地贯彻了获得模样的方针。

如果不喜欢本图，黑▲粘可以——

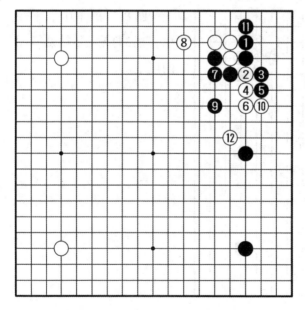

图 10

图10 请选择黑1挡。

白2断，黑3、5交换之后黑7立形成复杂的战斗局面。白8至12出头，如果对战斗有自信，那这就是最强的应对。

问题 10

星位小飞挂角·小飞进角

黑3小飞进角的下法在职业棋手之间几乎绝迹，这一点相信很多爱好者会觉得非常惊讶。

这与下法是否流行无关，而是要分析其中的理由。

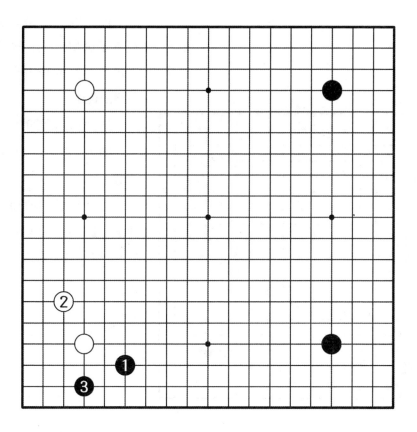

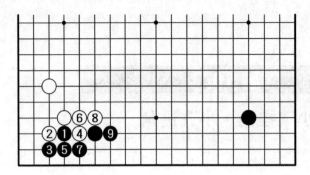

图1

小飞进角淡出的理由之一与之前提到的星位构成模样相同——

图1 黑1、3托连扳的下法开始流行。

如果不能说出小飞进角明确的不足，那么自然也可以和黑1、3的下法并用。绝对不会因为AI这样下，就把小飞进角的选择权取消。

现在黑1、3是好手已经有了确切定论，同样小飞进角不好的理由也有了明确的说明。

从结论来讨论的话——

图2 白1可以脱先他投。

也就是黑棋即使连下两手，黑2小尖获取角地，白3拆边。这个棋形可以这样理解——

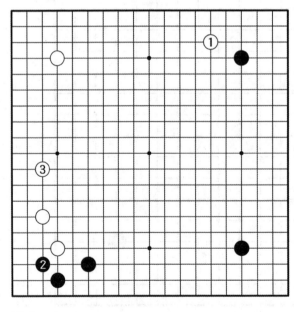

图2

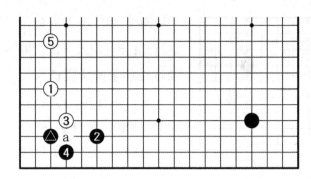

图3

图3 黑△占据空角，白1挂角，黑2拆二，白3小飞。此时黑若在4位小尖就还原图2。黑4明显应该在a位爬，从这一点就可以看出是黑棋不满的局面。

当然有读者会认为，那么黑棋不在左下进角可以吗——

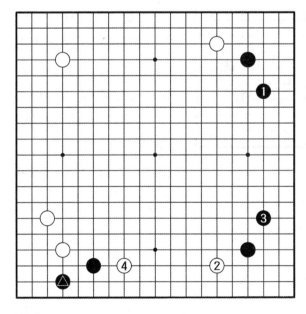

图4

图4 黑1在上边守角。

那么白2挂角，4位夹击好手。这是冲击黑△小飞进角弱点的手段。

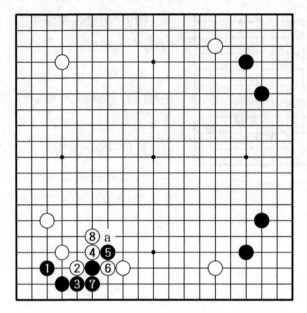

图 5

图5 黑1小尖进角，进行至白8是定式下法。但经过近年来的研究认为，本图是白棋有利。即使白a征子不利仍然是白好。

白8长，黑5一子虽然还有活动空间，但是——

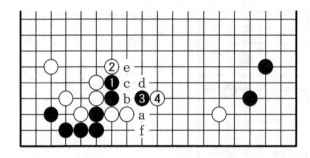

图 6

图6 黑1动出，白2扳、4碰好手，白完全不用担心。黑a若分断，白b，黑c，白d，黑e，白f，白大优。若黑b，白a，白成功整形。

白若选择不夹击还可以——

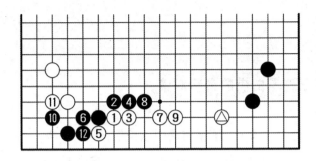

图7

图7　白1碰也是局部选点。黑2扳进行至黑12是经典定式。

但是定式过程中黑棋有各种变化，图5就是白棋有利的局面，没有选择本图的必要。

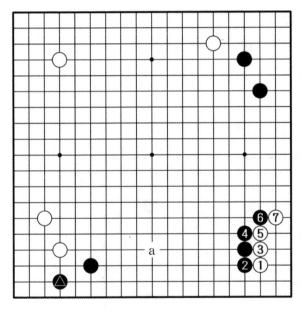

图8

图8　白1点三三也是好点。黑2至白7告一段落。此时黑在下边如果落子变成难题（黑▲最好在a位）。

综上列举了小飞进角的不利因素，总结下来关键是以下两点。

●对手脱先没有好的后续手段。

●对手可以根据情况选择夹击或者点三三。

因为没有好的后续手段，选择权在对手，所以小飞进角的下法逐渐消失，而托、连扳的手段变成主流。

面对三连星白棋的最新对策

在32页、54页、72页的专栏中讲到了三连星布局中压长是有利的下法。

很多读者也许会感觉到，明明在第一章问题1中讲了三连星布局被废弃的理由，这不是自相矛盾吗？

确实如此。如果压长是有力的下法，那三连星布局就不应该遭到抛弃才对。现在职业棋手已经没有人下三连星了。

这是因为白棋不会挂角，但是——

图1　白1点三三是有利的下法，这一点已经有了定论。

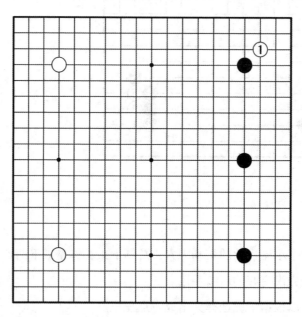

图1

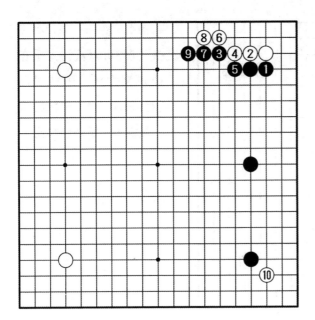

图 2

图2 黑1挡、3扳，进行至黑9是最普通的应对。

此时白10继续点三三。

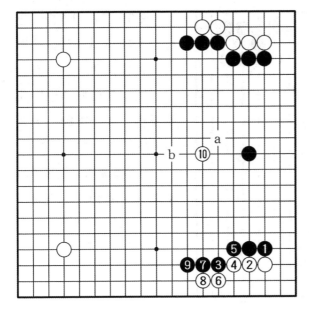

图 3

图3 黑1挡，进行至黑9定形，白10镇侵消。

请将本图与12页的图5进行比较。可以看出几乎是同样的局面。

就是说，黑棋不论选择a位围空还是b位攻击，白棋都有准备好的应对手段。

可以看出对于白棋来讲，点三三的效果要明显好于挂角。

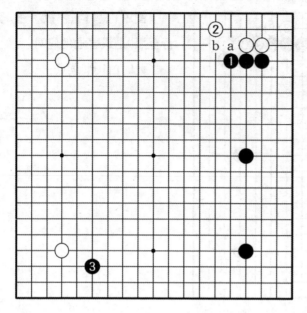

图 4

图4 黑1长，白2小飞交换，黑3可以获得先手在下边占据大场。但此时白2还有a位爬或者b位跳的应法，黑棋不一定能够如愿。

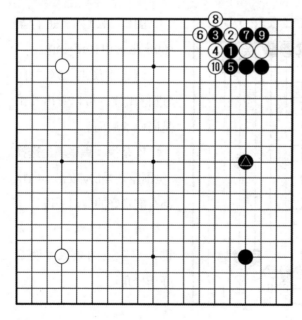

图 5

图5 黑1、3连扳，进行至黑9是定式下法。普通情况来说是两分的局面，但本图中黑棋原本想要获得模样，如今黑△一子效率不高。

从全盘来看，黑棋子过于集中，不利于未来发展。

问题 11

双飞燕

黑1挂角，白2脱先他投是常见的应对。

本图针对"星位挂角脱先"思路背后对于棋子效率理解的变化进行探讨。

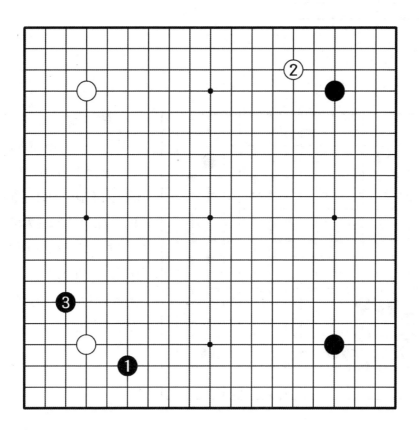

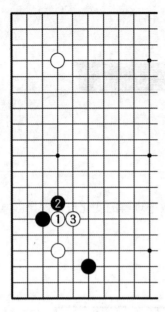

问题图中面对黑1挂角，白棋脱先，其思路就是并不担心黑3双飞燕。关于白2，选点也有含义。这一点在后面会进行讲解。

黑3双飞燕之后——

图1 白1、3压长，接下来——

图1

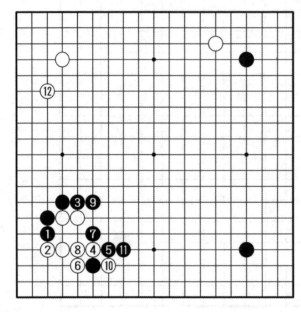

图2 黑1长，白2挡，黑3压，白4、6获取角地。

进行至白10，白棋得到巨大角地的同时还获得先手，抢占了白12的大场。

相比之下黑棋的厚势仍有弱点，如今评价："双飞燕所得不大，黑棋已经很少选择该变化。"

图2

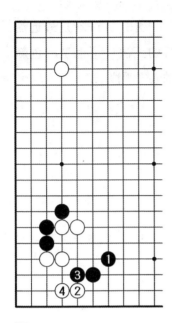

图 3

图3　黑1小尖也是定式之一，AI给出了白2小飞守角的好手。黑3、白4交换之后，白棋角上已经安定，黑棋则两边都尚未做定形。

这同样是现在双飞燕越发少见的原因。

最近图2中的黑1——

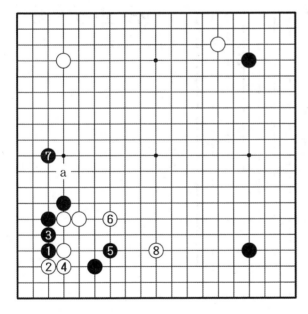

图 4

图4　黑1托是比较常见的下法。

此时白有两种选择，白2扳比较常见。黑3、白4交换，黑5小尖，白6跳出头。黑7拆边，白8夹击；黑若8位拆二，白a在上边夹击。

本图黑棋可以接受，同样白棋也能够满意。

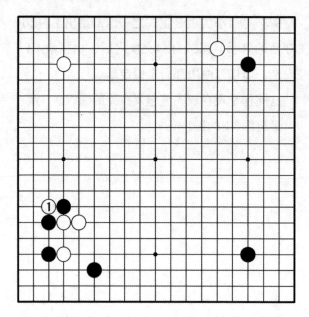

图5

图5 白1断是最近流行的下法，这也是AI创新的人气手段。

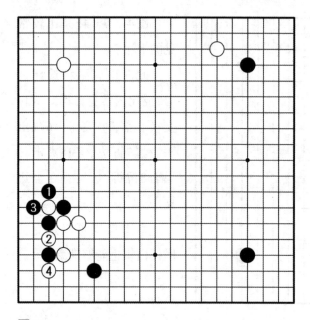

图6

图6 黑1打吃，白2、4分断，白好——

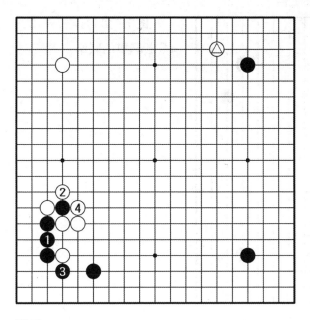

图 7

图7 黑1粘必然。

接下来白2打吃征子成立，这就是白△挂角的意义。

若没有白△，白征子不利。这一点请一定在落子之前反复确认。

黑3渡过，白4提，局部告一段落，这是流行定式，但认为"白好"的棋手更多。

黑棋的实地看起来很大，但角上的棋形并不完整——

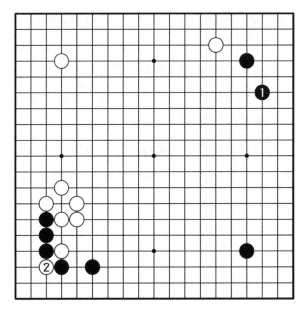

图 8

图8 白2断是后续手段。

因为这一点，所以白可战。

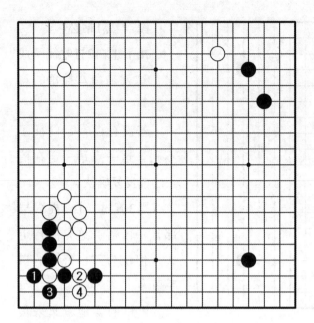

图9 黑1打吃，白2、4分断黑棋的联络——

图9

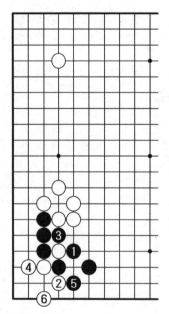

图 10 黑1打吃，白2至6可以在角上做活。虽然白棋不会马上在局部落子，但本图可以看出，左下角的黑棋实地并不完整。所以认为"白可战"的棋手更多。当然其中也有一定的心理作用，"毕竟是AI喜好的局面嘛"。

综合以上的理由，最近双飞燕成为威胁不大的手段。当然面对挂角直接应对也是一种选择。

图 10

问题 12

双飞燕之二

在问题11的讲解中可以了解黑3双飞燕并不是严厉的手段，白4小尖的下法已经非常少见。接下来一起研究其中的原因。

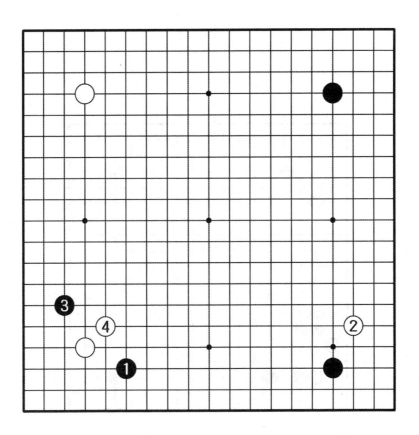

先来看看"小尖之后会形成什么局面"——

图1 白1小尖，黑2点三三获取实地。这是白1小尖被抛弃的重要原因。

以往的下法中白棋也可能会继续脱先他投。本图中在局部定形，白棋的棋形由薄变厚。白3至9告一段落。

但这样一来黑棋获得先手，黑10挂角行棋速度极快。因此白1的下法逐渐淡出。

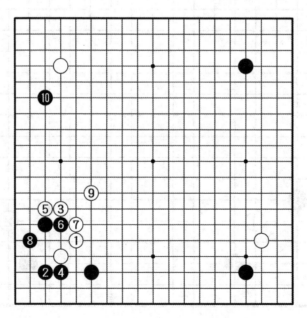

图 1

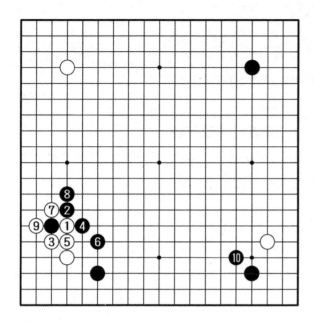

图 2

图2　白1、3压虎也是曾经一度流行的下法，如今同样淡出人们的视野。

黑4打吃，白5粘，白棋形不好。接下来黑6、8在外围形成厚势。

黑6还可以——

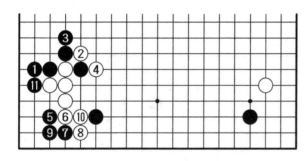

图 3

图3　黑1立，进行至黑5三三进角获取实地。白棋所获不多，明显不满。

所以现在的下法是——

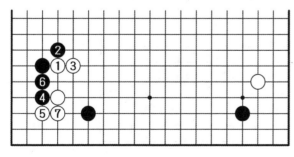

图 4

图4　白1、3压长是主流下法。

黑4托、白5扳、白7粘定形，棋形还原上一题。

综上是白棋小尖出头逐渐淡出的理由，接下来会介绍黑棋双飞燕时，白棋脱先的最新手段——

面对黑棋双飞燕，白棋也可以选择不在局部应对。

脱先的话——

图5　白1抢占其他大场的下法最近开始流行起来。

白棋的思路是"即使黑2飞封也没关系"。以往的对局中会觉得"被封锁是非常严重的事情"。这就是思路的变化。

接下来白棋——

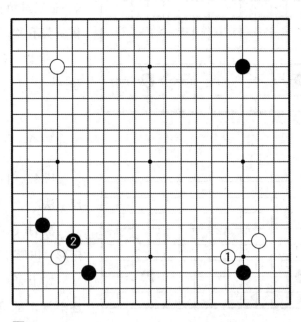

图 5

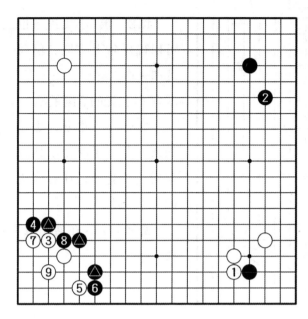

图 6

图6 白1继续在右下落子。黑2占据大场，白3至9在左下角做眼。只要白棋想，就可以在角上简单做活。

也就是说AI的想法是"黑▲花了三手棋封锁，白棋仍然留有做活的手段"。同时黑棋的外势还有断点，并不厚实。

黑2如果——

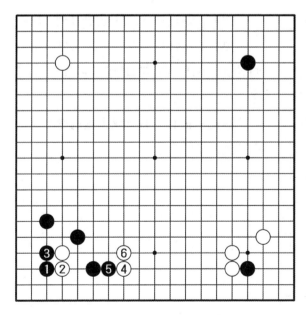

图 7

图7 黑1再花一手点三三，可以确保角地。

但是白2、黑3交换之后，白4逼有了先手味道。黑棋为了完全吃住角上白两子，只能黑5顶。白6长棋形舒展，明显可以满意。

所以面对黑棋双飞燕，白棋可以脱先他投的评价如今已成定论。

黑1如果——

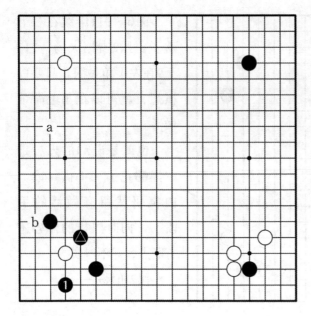

图 8

图8　黑1小飞进角也可以确保角上实地，但后续如果白在a位一带有子，就有了b位托的后续手段。

这里的思路是，黑棋如果再花一手获得实地，就无法接受白棋还有借用的后续手段。

那么黑不在△位封锁——

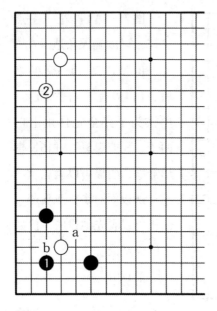

图 9

图9　黑1点三三，白2占据其他大场。

黑在a或者b位再花一手，明显行棋步调缓慢。不补，白棋随时有在左下动出的可能。

因此白棋有了面对双飞燕仍然优先抢占其他大场的自信。

问题 13

一间跳

曾经黑2一间跳是最普通的手段，最近已经消失不见。

这是因为白棋有了更好的应对。

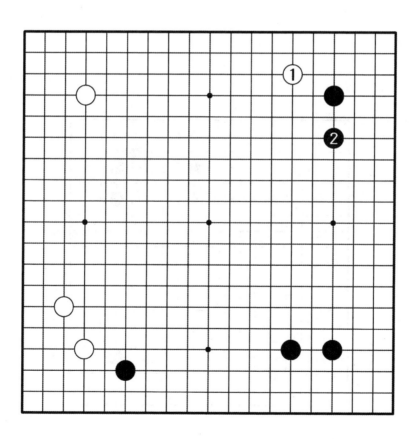

在探讨一间跳消失的理由之前，先来看看一间跳和小飞守角的不同吧。

图1 白1若在左上脱先，而选择小飞守角，那么此时黑2、4对白棋进行攻击，可以看出黑⬤的位置明显比黑a更具有攻击性。

所以白棋在右上继续落子的可能性更大。

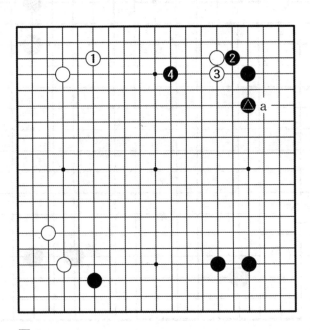

图 1

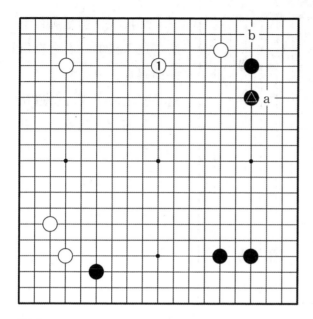

图2

图2 白1拆边是选择之一。

问题9已经解释了"黑▲或者a位有子的情况下，白1逐渐淡出的理由"，但白1拆边本身并不是问题手。只能说随着其他下法越来越流行，选择白1的棋手相对较少。

同样的道理，白b小飞进角也肯定不是恶手。白1、b位都是可以选择的下法，职业棋手中流行的下法，但各位不用拘泥于此，请一定选择自身喜好的局面。

另外——

图3 黑在▲位一间跳，白1、3的下法并不合适。

黑4进行至白9，黑的棋子在▲位而不是a位小飞守角。这样一来黑10、12可以继续攻击。

所以此时白不会下1、3，而是——

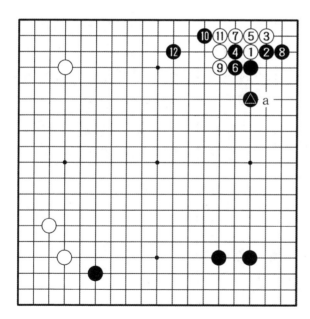

图3

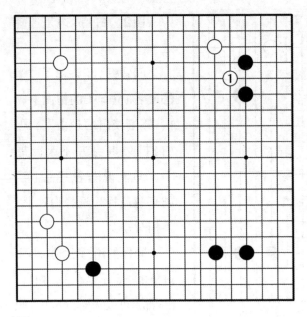

图 4

图4 白1刺是流行下法。这手棋乍一看会有俗手的感觉，但在AI选择了这手棋之后，现在普遍认为这是面对一间跳最有利的手段。

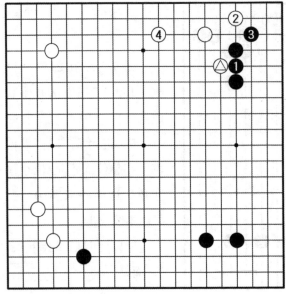

图 5

图5 黑1粘、白2小飞进角是后续手段。黑3，白4，这样一来白△与黑1的交换明显得利。

为了避免这一变化，黑不在右上角落子——

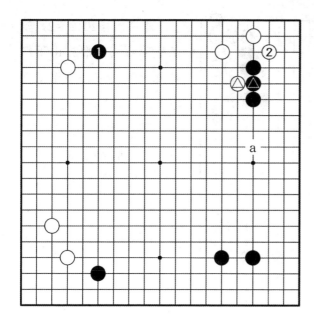

图6

图6 黑1脱先抢占其他大场，白2小尖进角价值极大。

接下来白还有a位攻击的后续手段。可以看出白△黑△的交换明显白棋有利。

所以白刺的时候，黑会——

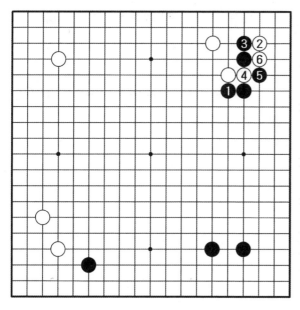

图7

图7 黑1是此时最常见的应对。白2点三三之后4、6冲断。

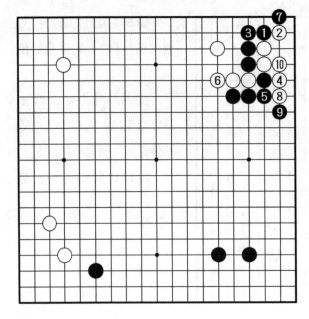

图 8

本图出自2019年2月棋圣战第五局（黑方山下敬吾九段、白方井山裕太九段），图7之后——

图8 黑1、3扳粘，白4打吃之后进行至白10。

变化非常复杂，后续解说省略。

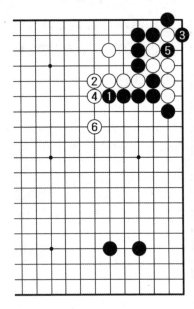

图 9

图9 黑3、5获取角地，白4、6取得外势。感觉上白棋更好下一些，基本上还是两分的局面。

选择刺的下法，白棋必须想到还有图7中黑1的反击手段。

问题 14

三三占角

白1三三占空角的下法是坂田荣男九段、赵治勋九段等超一流棋手喜爱的下法，一度淡出职业棋手的对局中。

最近开始有了再度活跃的迹象。

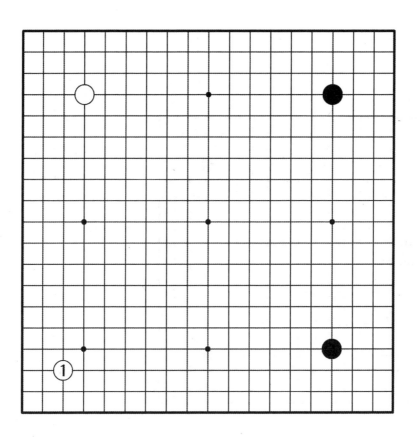

三三占角的下法重回人们的视野，与AI的思路有密切的关系。

"星位占角会被对手点三三，而且变化复杂，那还不如开始就直接下三三。"

三三占角的变化较少，所以也有求简明的意味。

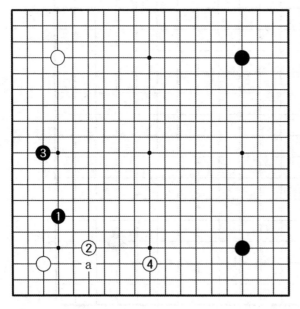

图1 黑1挂角，白2应对。黑3、白4开拆简明。

白2若在a位拆二，在左下可以一手定形，也是一种选择。

图1

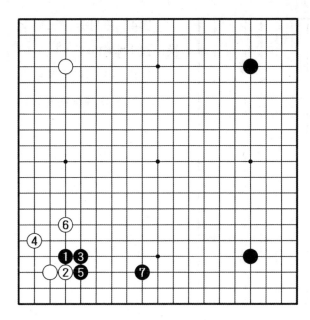

图2

图2 黑1肩冲，白2爬，黑3长。

此时白4小飞，黑5、7定形，这是以往的定式下法。

请将本图和图3的定式进行比较。

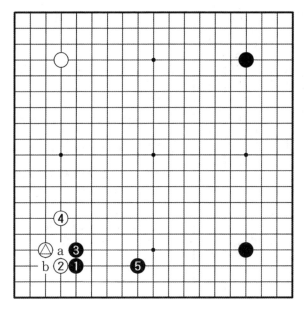

图3

图3 白△小目占角，黑1挂角，白2尖顶、4小飞获取角地。本图在黑a、白b交换可以更容易进行比较。

黑棋的棋形两图相同，而图2的白4有被利之嫌。因此本图的定式一度消失在人们的视野中。

但是最近AI认为图2的白4是问题手，所以——

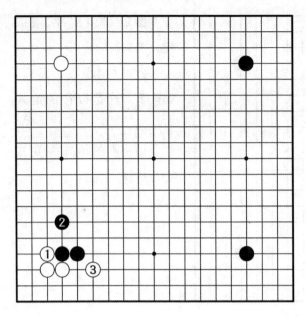

图 4

图4　白1拐与黑2跳交换，接下来白3跳出头。

这样一来白棋形满意。

后续变化继续展开。

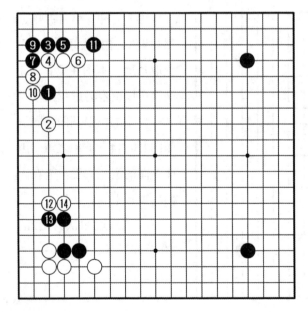

图 5

图5　黑1挂角，白2夹击。进行至黑11告一段落，左上一带是白棋的势力范围。

所以白12、14的下法强硬，可以一边扩大左边模样，一边瞄着对黑棋进行攻击。

黑棋的后续手段是——

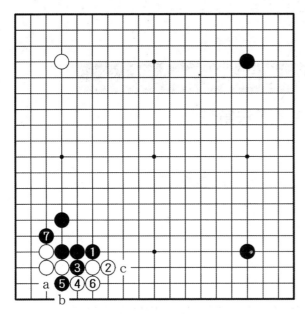

图 6

图6 黑1压之后，3、5冲断。

白若在a位打吃，黑6位反打，白b位提，黑c鼻顶是手筋。所以白6粘是正解。黑7虎好形。

不仅如此，左下还有后续手段。

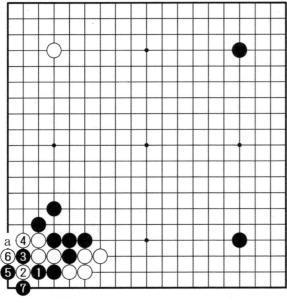

图 7

图7 黑1至7形成两手劫（若白6在7位立，黑a变成紧气劫）。

问题 15

尖顶下法解禁①

曾经白1尖顶是"业余棋手才会选择的典型恶手"。

但是现在职业棋手也会选择白1、3的下法。

接下来说明原因。

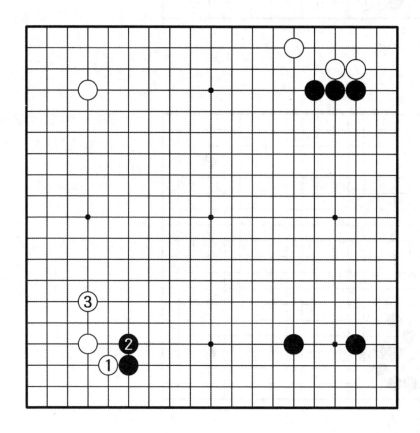

问题图中的尖顶一直被认为是帮助对手加强的大恶手。

但是现在评价改变，这是"积极的下法"。与点三三一样，多年的评价在朝夕之间改变。

不尖顶直接守角，也是一种选择。从六七年前开始，"尖顶更好"的想法成为主流。

问题图中白1尖顶如果选择图1的小飞——

图1 白1小飞守角，黑2可以抢先在右边占据大场。

白3、黑4交换之后，可以看出黑▲成为一石二鸟的好点。白5跳出头，黑6飞压。右边扩张模样的同时继续保持对白棋的攻击。本图白棋明显不能满意。

那么白3——

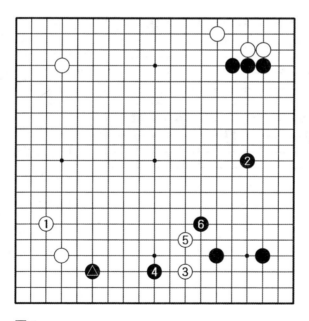

图 1

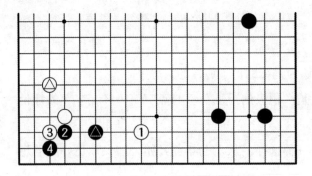

图 2

图2 白1夹击，黑2、4是腾挪好手。白虽不坏，但让黑棋按照既定的思路落子，总有些不满。

所以本图黑●与白△的交换，黑棋有利。

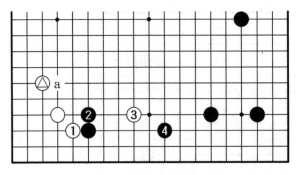

图 3

图3 白1尖顶与黑2长交换，之后白3夹击。这样防止了上图黑棋进角连扳的手段。

但是黑4好点，左下白△棋子位置低，后续下边的互攻明显黑棋占据上风，所以仍然是白棋不满。

那么如果最开始白棋不选择小飞守角——

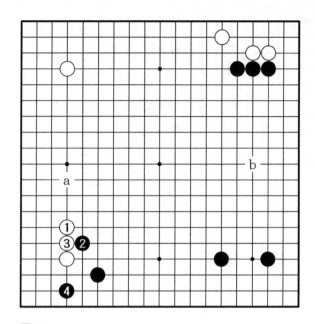

图 4

图4 白1一间跳应对,但此时黑2刺好点。

白3粘,黑4小飞进角。接下来黑a和b见合。左下黑棋小飞进角确保眼位,白棋想在下边攻击黑棋已经不可能。

所以此时白棋的选择应该是——

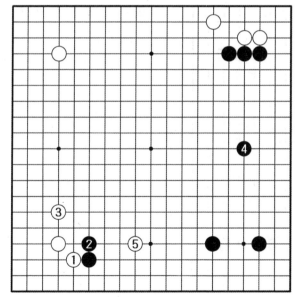

图 5

图5 白1尖顶、3跳的下法开始流行。

黑4脱先,白5夹击。左下白棋子处在高位,后续互攻不用担心。本图白棋可以满意。所以——

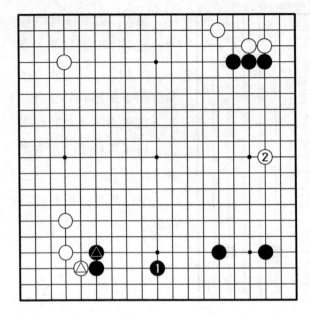

图 6

图6 黑1拆三，白2分投。

可以这样理解，白△与黑▲的目的就是不让黑棋脱先。

如此一来也有人认为，交换助长了黑棋下边模样发展。

但是关于黑棋的模样——

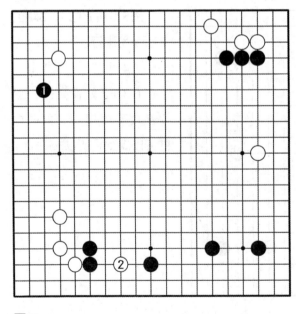

图 7

图7 此处留有白2打入的后续手段。

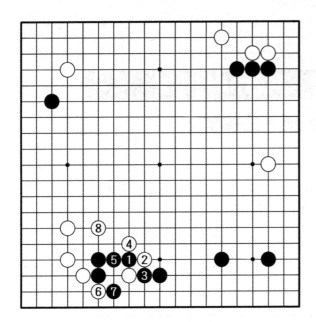

图 8

图8 黑1压，进行至黑7，黑棋被利。白8跳，黑棋下边的模样已经没有发展的可能。

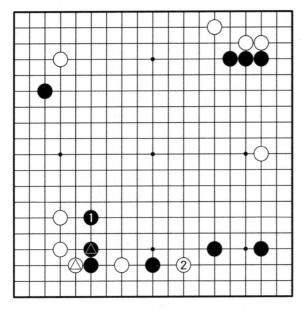

图 9

图9 黑1跳为了避开被利。这样白2继续打入，可以轻松破坏黑阵。

"白△与黑△的交换不是恶手"已经是现在的主流观点。

问题 16

尖顶下法解禁②

不仅是星位挂角尖顶，白1的小目尖顶长期以来也被认为是恶手，现在却是最流行的手段。

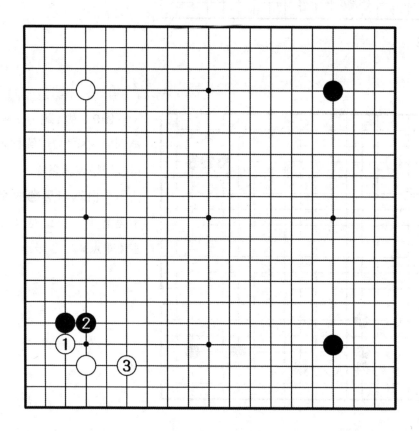

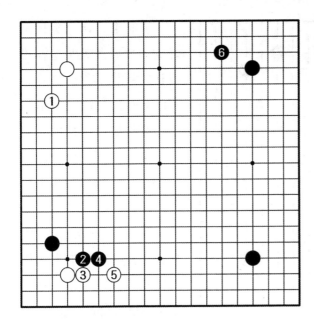

图1

以前面对小飞挂角，可以脱先他投——

图1 白1小飞守角占据大场是普通应对。但现在的见解是被黑2飞压白不满。

为了避免黑2飞压，曾经流行的下法是——

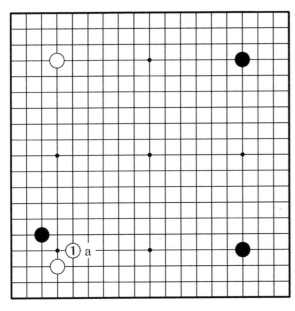

图2

图2 白1小尖（白a小飞思路相同），第三个应手选择就是AI推荐的问题图的白1、3了。

115

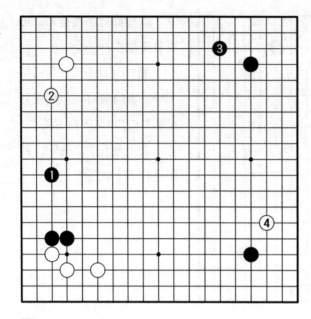

图3

说起来，认为尖顶不好的主要原因就是这样可以让对手棋形得到强化，可以下出立二拆三的好形。

但是如今这样的思路有了变化。问题图中的白1、3之后，黑棋确实可以立二拆三。

图3　现在黑1拆三之后，被认为是没有发展性的图形，也就是说，这并不是黑棋满意的棋形。

这样一来——

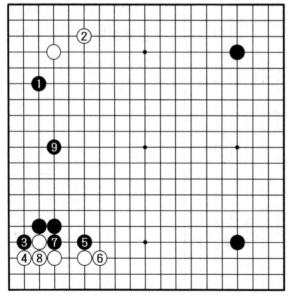

图4

图4　黑1挂角，白2小飞守角，黑3至白8交换之后，黑9拆边形成模样。

白6如果——

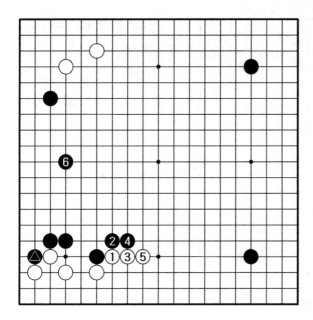

图5

图5　白1扳，黑2、4压。黑6拆边棋形立体。

黑△还可以——

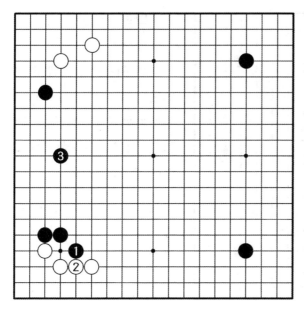

图6

图6　黑1刺先手交换之后黑3拆边。

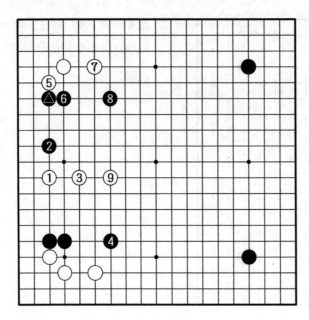

图 7

如果白棋对图4到图6都不满意——

图7 白1分投将两边黑棋分开，对黑▲发起攻击。进行至白9，形成互攻的局面。

那么黑▲挂角的手段也可以——

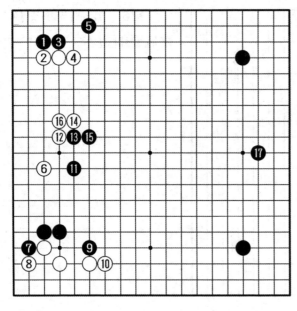

图 8

图8 黑1点三三也是一种选择。

从结论来说，问题图中的白1、3是近年来重视角部实地趋势下有利的下法，而给了对手立二拆三好形的概念已经完全消失。

问题 17

大飞挂角

现在说到小目挂角，A位小飞挂角和B位高挂是首选。但是在数年前大飞挂角曾经非常流行。

让我们来讲解其中的原因吧。

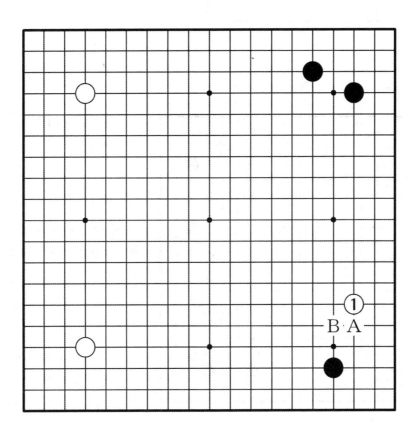

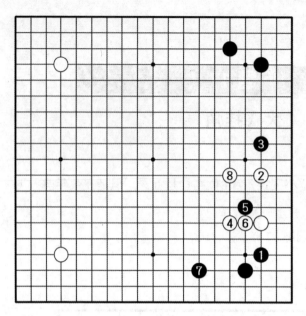

图1

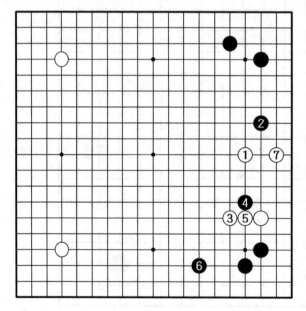

图2

图1　黑1小尖手筋，白2拆二。这是白棋期待形成的局面。

白2也可以——

图2　白1超大飞拆边，黑2拆三，白3跳。进行至白7告一段落。

那么为什么大飞挂角淡出人们的视野了呢？说实话我也无法说出确切的理由。

接下来是我个人的推测，第一个理由应该是图1和图2都让黑棋获得先手，还确保了角上的实地。右上占据了拆边的大场。这应该是白棋不满的原因。

而且AI登场之后小飞挂角越发流行，相对而言选择大飞挂角的棋手自然就越来越少了。

第二个理由是大飞挂角对小目的威胁不大，对手可以脱先他投。

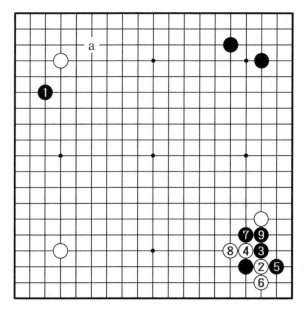

图3

图3 白2即使在右下连下两手，黑3至9仍然是好形。对于白棋来说是会感觉不满。

另外黑3还可以继续在a位一带脱先他投。

所以作为白棋来说"选择权被对手掌握"，不能接受这一点的棋手非常多。

从选择权角度来说，大飞挂角时黑棋的应手除了图1、图3脱先之外——

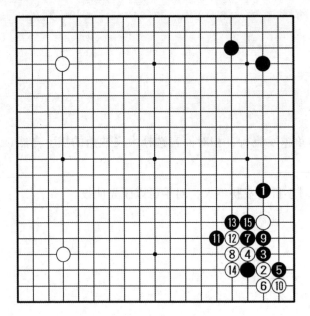

图 4

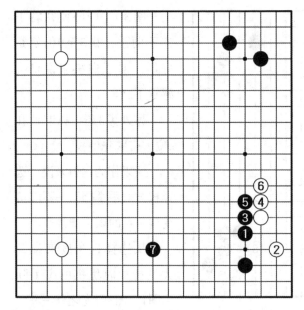

图 5

图4 黑1夹击。

白2托，进行至黑15是基本定式。白大飞挂角给了黑棋选择本图的可能。

图5 黑1跳，3、5扩张模样，AI认为本图黑好。

综合上述所有因素，大飞挂角被废弃也可以理解。

接下来二间高挂的问题同样是可以脱先，选择权在对方手上。

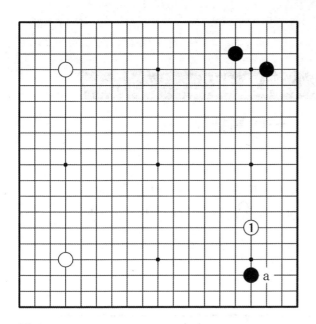

图6 白1二间高挂，对于黑棋来说，既使白占据a位也没有多大影响，所以可以选择脱先——

图6

图7 黑1可以守角与白2拆边交换——

图8 黑1若夹击，进行至黑9，黑棋两边有所得，也是选择之一。

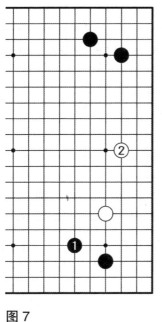

图7

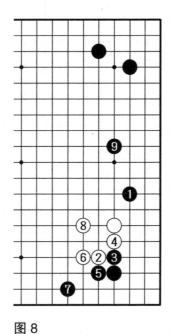

图8

问题 18

一间高挂

上题中提到了大飞挂角、二间高挂等下法，本题轮到了一间高挂。

如今是小飞挂角的全盛时期，一间高挂在对局中同样越发少见。

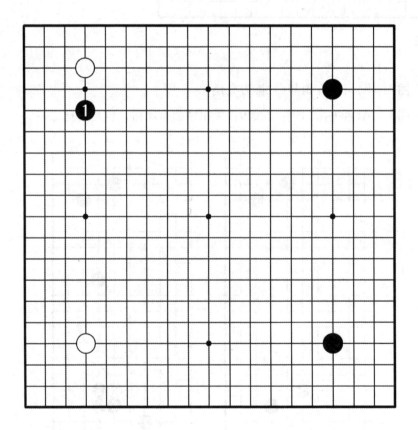

先说结论。

一间高挂绝对不是恶手。

在本书中会经常提到，是因为AI认为"小飞挂角是好手"，所以大家都选择了小飞挂角，并不是一间高挂有什么缺陷。

AI出现之后不久，一间高挂的下法就在不断减少。现在到了小飞挂角的全盛时期。

选择一间高挂的对局在减少是事实，我对此进行了思考。

最有力的原因应该是——

图1 为了避开白1、3托退定式。

因为AI重视角上实地，所以这种让对手获取角地的定式不是好选择。

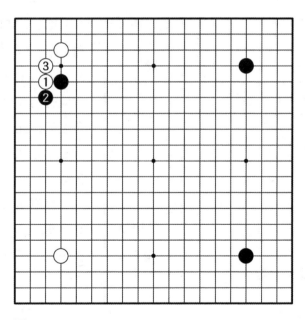

图 1

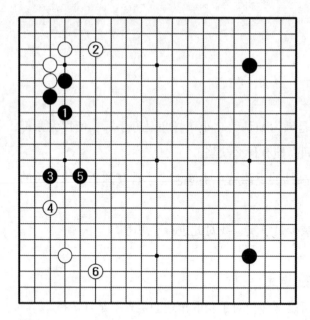

图2

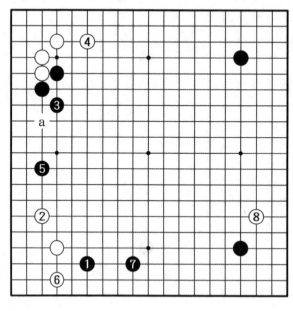

图3

图2　黑1虎、3拆边是普通下法。白4、黑5交换之后，白6小飞守角。

这样的局面从AI喜好角上实地的观点来判断的话，就会觉得白棋的搭配更满意。毕竟已经保了左上角实地，同时右下角的棋形同样完整。

那么黑1如果——

图3　黑1左下挂角，白2小飞守角交换之后，黑3、5在左边开拆曾经是非常流行的布局。白2小飞守角之后，如上图白4的选点就自然消失，这是黑棋的优势。

黑棋可以满意，但白4、6获取两个角地，喜好白棋的人也不少（AI肯定觉得白好）。左边黑棋还有a位打入的后续手段，这也是AI选择白棋的因素之一。

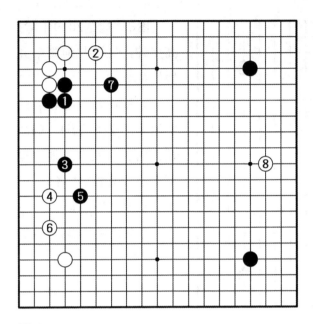

图4

图4 黑1粘、3拆边，白4逼住。

黑5、7在中腹扩张模样也是一种选择。但同样地，白棋实地所得极大，觉得白好的人应该更多。

如果不担心让对手获取实地，那么一间高挂会形成简明的局面，这也是一间高挂的优势。如何选择完全取决于个人的喜好。

黑棋一间高挂、白棋托，此时黑棋可以——

图5 黑1、3是雪崩型。最近认为白4立是有力的下法。

进行至黑9，是黑棋预想的局面。但白棋先手获得左上角实地，白10抢占大场。接下来虽然有可能会遭到黑攻击，本图认为白好的棋手应该占据大多数。

这就是我认为一间高挂下法减少的理由。但绝对不是彻底废弃，超一流棋手之间的实战对局中仍然可见。这里仅介绍一盘对局。

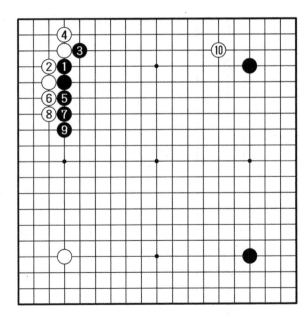

图5

127

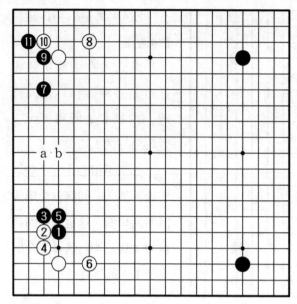

图6

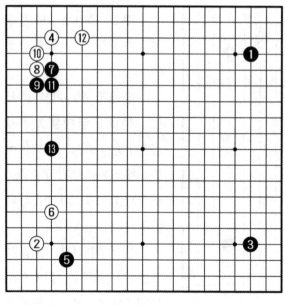

图7

图6 这是2019年4月高尾绅路九段与河野临九段的对局。

河野临九段是著名的实地派，选择了黑1一间高挂，白2、4获取角地。接下来黑没有在a或者b位拆边，而是在7位挂角，白8小飞守角之后，黑9、11进角。

本局进行的两周之后，两人再次在比赛中相遇。这一次黑白交换。

图7 本局高尾绅路九段黑7一间高挂，白8托。黑11粘、13拆边。

一间高挂的下法虽然出镜变少，但仍然是职业棋手的选择之一。所以各位读者也不用过于拘泥AI的推荐，请放心选择自己喜好的布局。

高中国流也有大模样

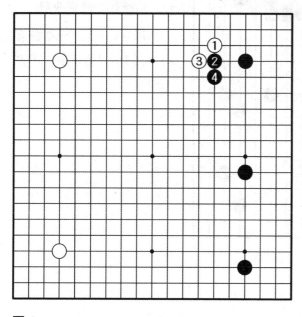

图1

与三连星一样，高中流也是以发展模样为目的的布局（低中国流在模样方面相对薄弱）。

在使用上的要点仍然是"扩张模样的时候遇到对手打入，可以通过攻击加固周围棋子"。

图1 白1挂角，此时推荐与三连星一样的黑2、4压长。

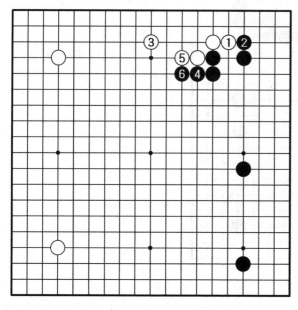

图2

图2 若白1、3，黑4、6继续扩张，整体方针不变。

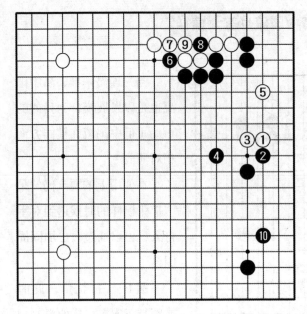

图3　白1打入，黑2、4封锁。白5可以暂时确保眼位，后续还会遭到搜刮。

黑6、8先手交换之后，黑10小飞守角。本图黑满意。

图3

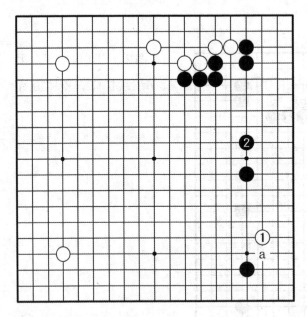

图4　白1小飞挂角、黑2补强右上是推荐下法（黑a也是好点）。

可以确保右上实地，黑好。

图4

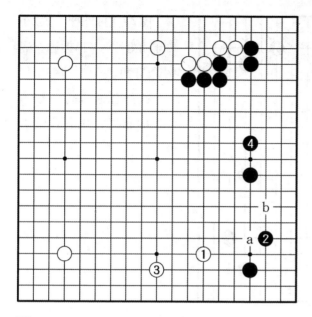

图5

图5　白1在外边挂，黑2小飞守角好手。若黑下在a位，则留有b位打入的好点。

白3拆边，黑4跳好手。这样一来右边全是黑棋实地，黑棋可以满意。

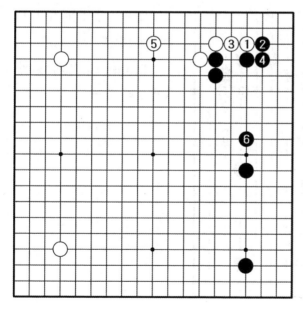

图6

图6　白1托，黑2、4确保角地。白5拆边，黑6绝好点。这就是高中国流压长之后的手段。

右边好形，黑好下。

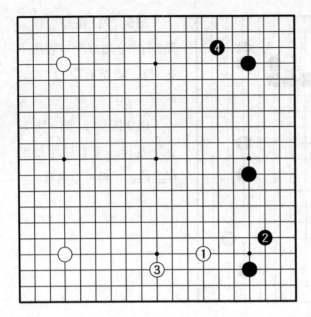

图 7

图7 白1外挂，黑2小飞守角好手。白3拆边，黑4小飞守角。

这是普通进行，双方可下的布局，供各位读者参考。

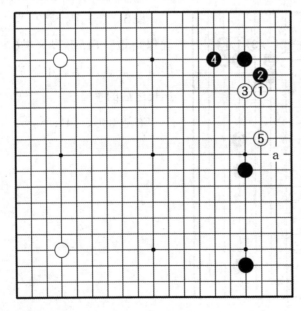

图 8

图8 白1在右上挂角，黑2尖顶、4一间跳。

白5拆二，此时黑a小飞也是好点——

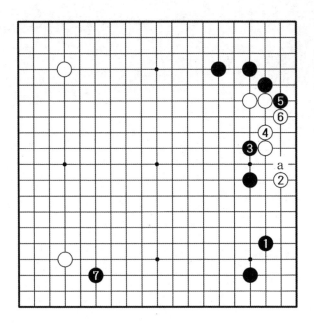

图9

图9 黑1小飞守角是推荐下法。

接下来黑a变成绝好点。白2小飞，黑3至白6先手交换之后，黑7抢占下边大场。本图黑可战。

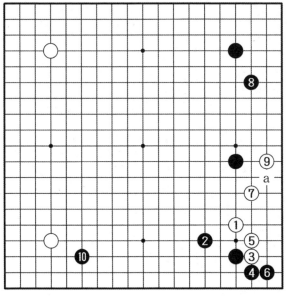

图10

图10 白1挂角，黑2小飞，进行至白7，黑8小飞守角是首选。思考方式与图9的黑1相同。

本图黑8直接在a位小飞也是好点，了解本图的下法能够加深对围棋的理解。

133

第三章　AI带来的变革新定式

本章以角上的棋形为研究重点，对于定式等常型的变化进行讲解。

曾经几乎出现在每局棋中的定式，为什么如今几乎绝迹？

当然AI评价是主要因素，其中重要的是——

虽然说的是局部定式，但判断的标准还是要着眼于全局。

正是因为要纵观全局，所以同样能够做出局部判断——定式已经进化到了以全局判断为基准的阶段。

问题 19

扳二子头为何消失?

关于点三三的后续进程,最重要的是白4扳二子头。

最近白4的下法出现得越来越少,明明有"二子头必扳"的格言,这是为什么呢?

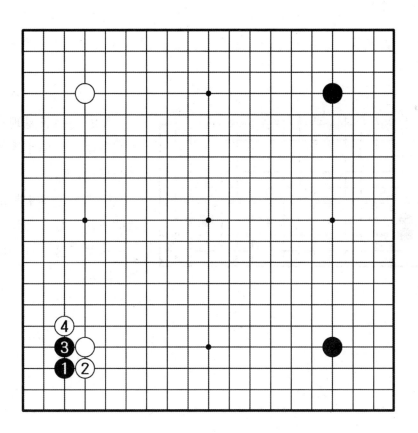

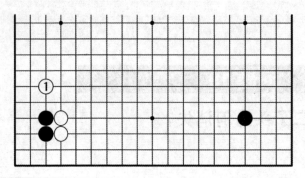

图1　白1小飞封锁——

图1

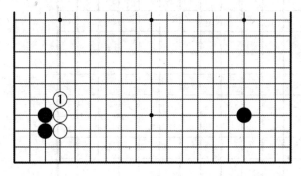

图2

图2　白1长是现在的主流下法，相信很多读者已经有所了解。

扳二子头本来是最自然的下法，如今却没人下了——关于这一点，确实是有原因的。

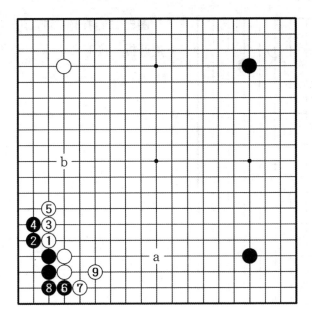

图3

图4　白1扳，黑2、4之后，黑6、8扳粘，白9虎补定式完成。

但选择这个定式的情况一般是白棋在a位、b位都有棋子，白9虎补虽然形成外势，但"a、b棋形重复"。这也是黑棋能够接受本图的原因。

但是在直接点三三的局面中，白棋两边没有棋子配置。这样的话，进行至白9，白棋形厚实明显有优势。

我想一定有读者会想"既然如此，那更应该选择白1扳了"。但白好的原因是黑下了6、8扳粘，所以AI认为黑6应该——

图4　黑1继续爬，这步好手完全颠覆了以往的常识。

白2长，此时黑不会继续在局部黑a、白b、黑c扳粘，黑3抢占大场。不在二线扳粘是关键。

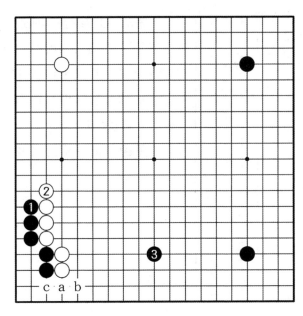

图4

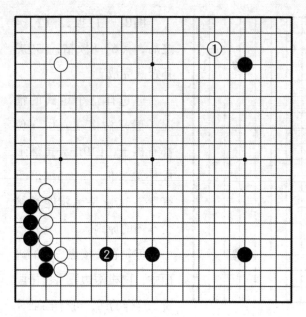

图5 白1挂角，黑2在下边开拆。接下来——

图5

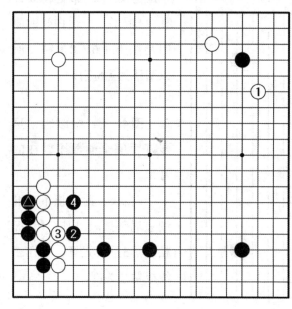

图6 白继续在其他地方落子，黑2刺、4跳对白进行攻击。看起来白棋还有整形的可能，但黑棋形轻灵，明显好下。

黑△多爬一手的目的是——

图6

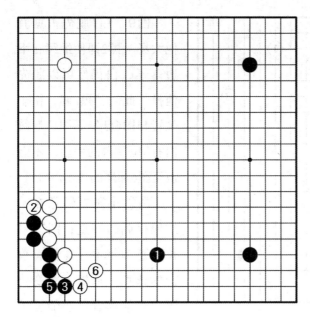

图7

图7 如果黑1直接抢占下边大场，白2拐好点。

为了做活，黑必须3、5扳粘。这样一来白4、6应对棋形得到强化，本图白好。这是黑棋二线爬的另一个理由。

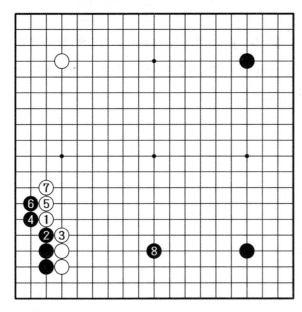

图8

图8 关于白1成为主流下法的理由，可以参考本图黑2至白7的进程，与图5、图6进行比较。

虽然棋形看起来相似，但本图中黑8占大场之后——

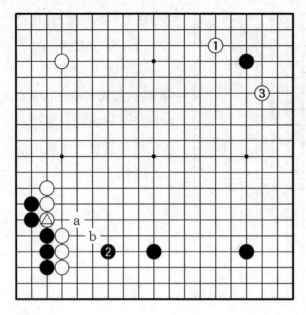

图 9

图9 白1脱先占据其他大场，黑2即使继续在下边落子，白仍然可以脱先他投。此时若黑a刺，棋子位置与图6已经不同。后续白有b位反击的手段，不会遭至图6那样的攻击。

白△小飞封锁意在不给黑棋刺的好点；图2白1长的意图是不让黑棋有攻击的选点。从以上的变化图中相信读者已经能够了解其中深意。

最后补充，扳二子头的下法并不是完全消失——

图10 白1、3连扳的下法如今仍然是选择之一——进行至白9，白可以确保角地，是双方可下的定式。

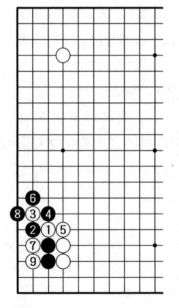

图 10

问题 20

为何夹击的下法变少了?

面对黑1小飞挂角,白2小尖或者A位小飞、B位尖顶是主流下法。

明明在以往的对局中夹击才是首选(C~H6个选点)。

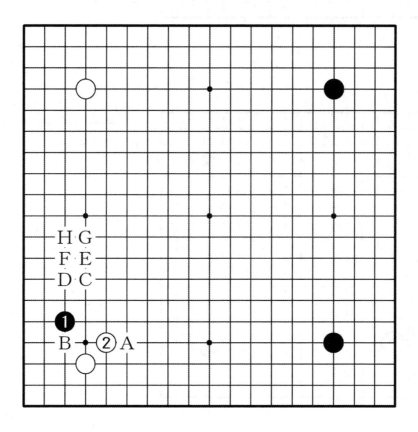

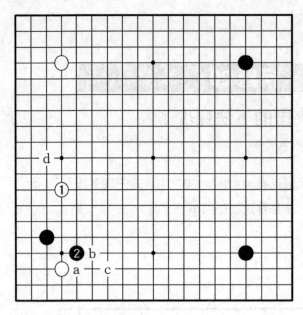

图 1

图1 先来研究一下曾经非常流行的白1二间高夹。

AI认为面对夹击，飞压是有力的应对，因此黑2是好手。

白a，黑b，白c，黑d夹击，黑好。

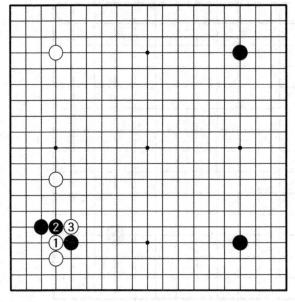

图 2

图2 白选择1、3冲断，接下来——

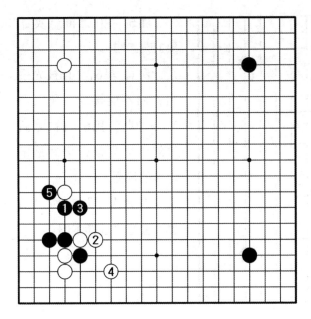

图 3

图3　以前的下法认为黑1碰是局部手筋，进行至黑5是定式。AI带来了变化——

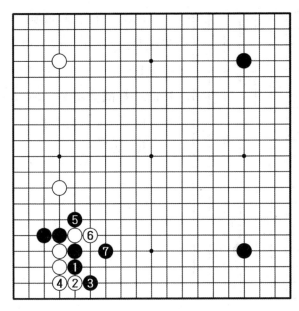

图 4

图4　黑1反击，白2、4扳粘，黑5、7出头。关于本型的评价出现了巨变。

黑白双方的棋形都有明显的弱点，后续的攻防战斗非常复杂。但研究的结果认为本图是黑可战。

因此二间高夹的下法逐渐淡出。

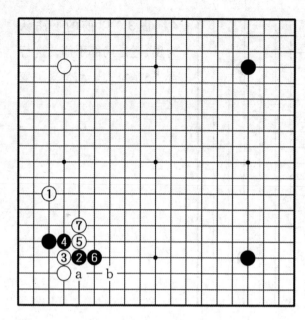

图 5

图5 白1二间低夹，黑2仍然飞压。

白a，黑6，白b被先手利，白不能接受。所以白3、5冲断，黑6、白7之后最终走向复杂，仍然是未定形的局面。

因为未定形，所以白也不会轻易选择本图。

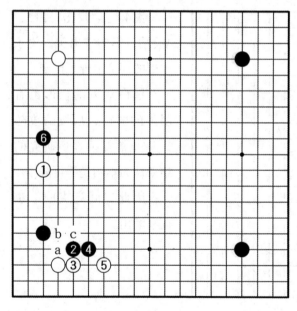

图 6

图6 白1三间低夹，黑还是2位飞压。因为白1位置较远，白a，黑b，白c冲断明显战斗不利。所以本图白3、5应对是本手。

黑6反夹——

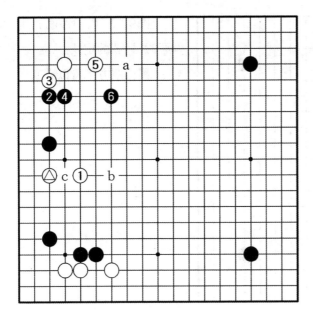

图 7

图7 进行至黑6是预想的局面，黑无不满。黑a、b两点见合，白棋明显落于下风。

若白△在c位三间高夹，结果相同。

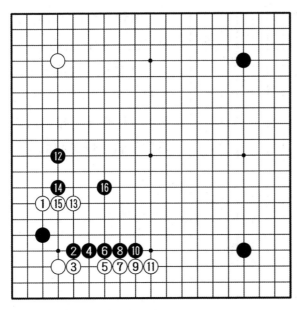

图 8

图8 白1一间低夹，黑还是2位飞压。白3、5应对，黑4至16好形。

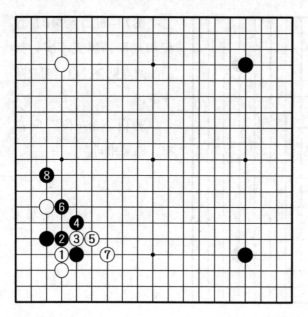

图 9

图9 白1、3冲断，黑4至8是最新的定式。

黑白双方都可以满意。

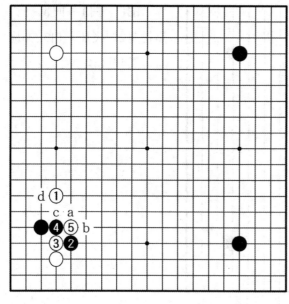

图 10

图10 白1一间高夹，黑2飞压。白3、5冲断。

以前的定式接下来的进程是黑a、白b、黑c、白d，黑棋形不好，所以黑棋不满。现在AI的选择是——

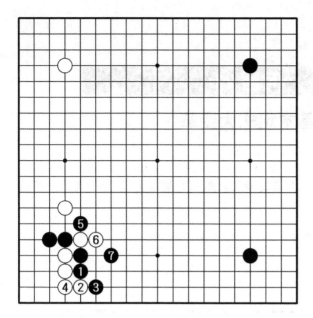

图 11

图11 黑1至7发起猛烈反击。对本型的评价也开始出现了变化。

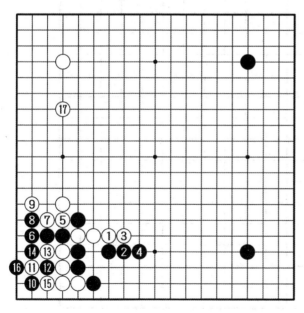

图 12

图12 白1、3长气之后5断，黑6立。之后黑10进角，此时黑11也是一种选择。

角上形成劫争，白棋没有充分劫材，所以白17选择在左上形成模样。还是双方可下的局面。

可以这样说，不论白棋选择怎样的夹击方法，黑棋的飞压都是有利的反击手段。后续的变化大都是黑好，所以夹击自然而然地淡出了人们的视野。

问题 21

基本定式大变革

白1夹击，黑2点三三，接下来是最为人熟知的基本定式。黑8粘，白不选择A位粘而是9位爬。

我们来探讨一下其中的缘由。

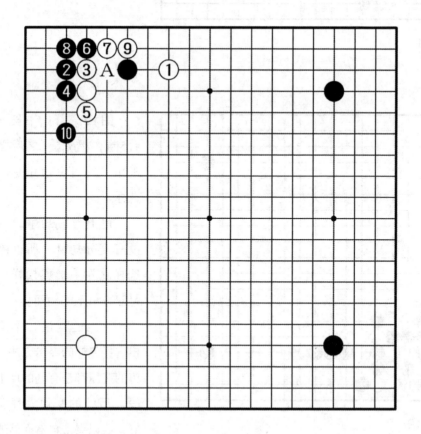

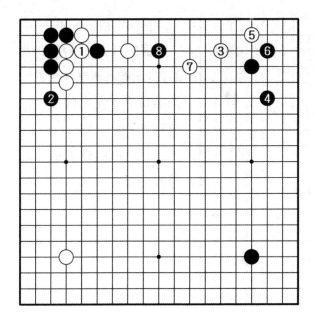

图 1

图1 白1粘，黑2跳交换，白3至7在上边形成模样。此时黑8打入好点，黑无不满。

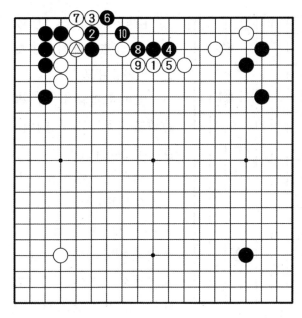

图 2

图2 白1压封锁，黑2夹，进行至黑10可以轻松做活。

即使白棋上边的模样与本图有区别，黑2夹仍然是常见的局部手段。因此AI放弃了白△的选点。

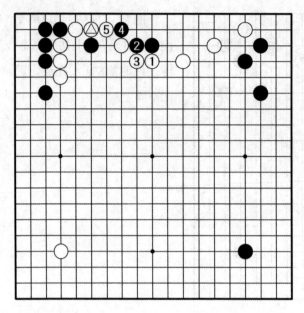

图3

白棋不粘，而是——

图3　白△位有子，此时白1压有可能吃掉黑棋。黑棋没有了左上的手段，白3、5即可。

但是白△肯定也有自身的缺陷——

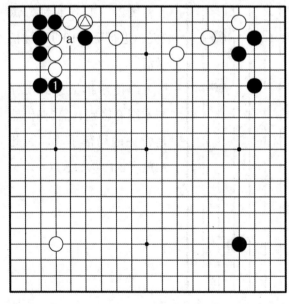

图4

图4　黑1好点，后续还有a位断点。此时白棋没有好的反击手段。

以前更重视本图白棋的缺陷，所以不是选择白△，而是a位粘。

AI认为不给黑棋留下打入好点更重要。

人们认为"既然是水平明显强于自己的AI这么说，那么二线爬一定是最好的"。基本定式的大变革就此开始。

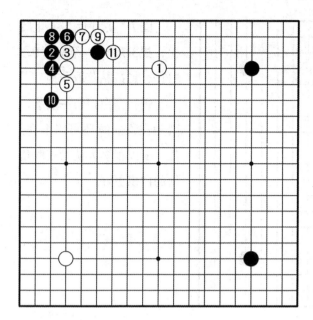

图 5

图5 在白1三间夹的情况下，AI还是会选择白9爬。

黑10跳，白11扳。以往的定式是——

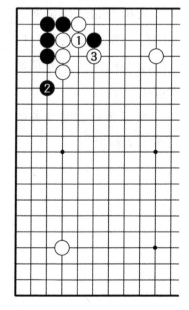

图 6

图6 白1、3定式。不得不承认图5优于本图。

图5的黑10若是——

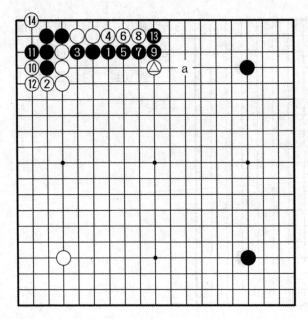

图 7

图7　黑1反击，白2拐，黑3断。白4至8长气，白10、12扳粘获取角地。

进行至白14告一段落，因为白△后续还可以下在a位，所以很多人认为获取角地的白棋更好。

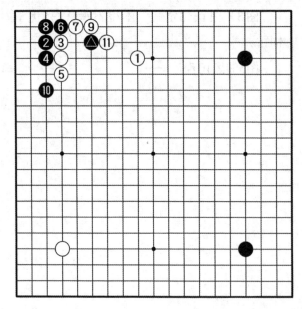

图 8

图8　白1二间高夹，白9若仍然在二线爬，白11扳，与图5相比棋形明显不满。

所以最近二间高夹的下法开始淡出。

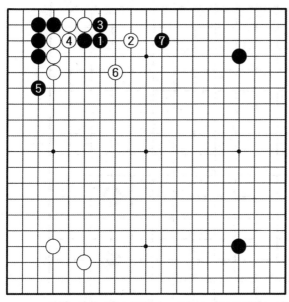

图 9

图9 白2脱先，黑3点三三，此时白还是10位爬。

黑11、白12交换，白大优（因为后续白会下在a位，与图5相比明显棋形更好）。所以黑11跳之前会先——

图10 黑1长反击，白2、4应对，黑5跳，白6飞封。接下来黑7逼住，通过弃掉三子开始获取其他利益。

图 10

问题 22

直接肩冲

白1小飞守角，黑2直接肩冲是如今的常见下法。

以往极为少见的手段随着AI的选择已经成为常型。

接下来介绍肩冲的运用方法。

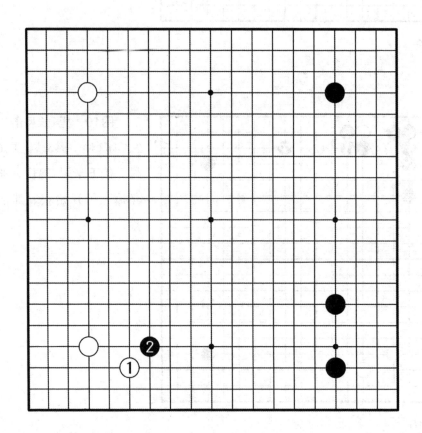

先说结论。问题图中的肩冲是非常有利的下法。不论白棋如何应对，黑棋都可以满意。

对局中的选择必须要着眼于全盘进行思考，请一定要理解这一点。

图1 白1爬，黑2跳。这样一来黑棋增强白棋在下边拆边的可能。虽然会给白棋一些实地，但与二线相比并没有多太多。黑棋在中腹的外势所得更可观。AI喜欢这样的下法也是因为看到了黑棋可战的局面。

白3、5挖粘若选择直接在a位一带占据大场，黑5位虎是绝好点。这比直接在下边拆边的棋形要好很多。

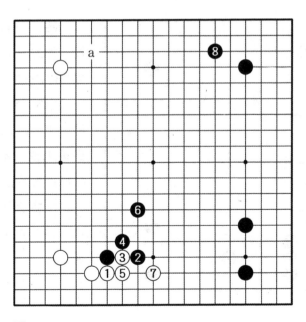

图 1

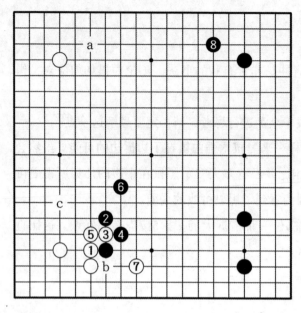

图2

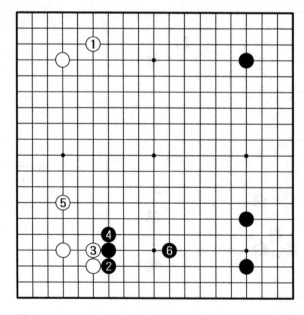

图3

图2 白1挡，黑2跳。

后续的思路与图1相同，白3、5挖粘，黑6小飞整形。白7跳，黑8占据大场。

对本图的评价与图1一样，都是黑满意。

白3若在a位一带占据大场，黑b挡或者c位挂角都是好点。

图1、图2都是黑棋期待的局面，那么如果白棋不直接应对呢——

图3 白1脱先占据大场，黑2挡住，棋形舒展，黑可以满意。

白3、5在下边获取角地，黑6在边上拆边，对于黑棋来说，本图仍然下边棋形更为满意。

白棋直接应对结果不佳，脱先的效果也不好，那么——

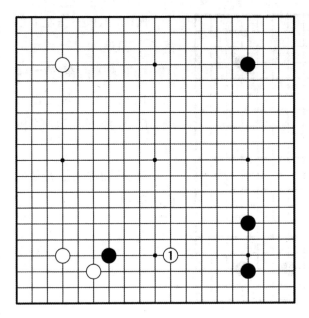

图 4

图4 最近白1的下法开始流行。

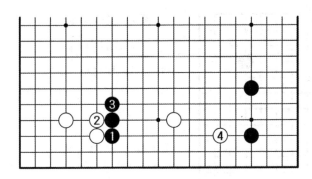

图 5

图5 黑1挡，白2贴交换，黑3长，白4在下边拆边。白棋的思路是这样一来两边都有所得，确实比图1至图3的结果要好。

现在轮到黑棋对本图不满，那么——

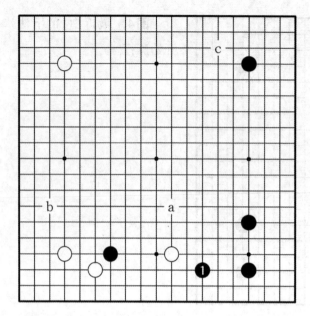

图 6

图6 黑棋不在左下角落子，黑1逼住。

接下来若白在a位大跳或者b位守角，c位占据大场，都是两分的局面。黑棋可下。

对于黑棋肩冲，最新的应法是——

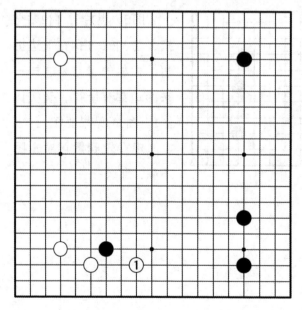

图 7

图7 白1最近非常流行。图4中的白1有分投的感觉，本图白1更严厉。

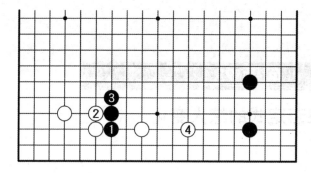

图 8

图8 黑1挡，白2、黑3交换之后，白4拆二在下边确保眼位，接下来瞄着对黑三子的攻击。

如果觉得不满，黑可以——

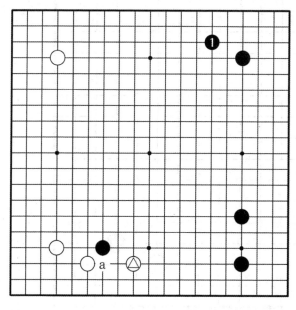

图 9

图9 黑1占据大场。

下边的变化先放在一边，若白a联络，则白△不是好点。

不管怎样，黑棋的肩冲是非常有利的下法，请一定在实战中体验一次。

问题 23

双飞燕定式的惊人变化

面对黑1高挂，白2、4是AI发明的新下法。

因此原本的旧定式开始淡出人们的视野。接下来对本题进行研究。

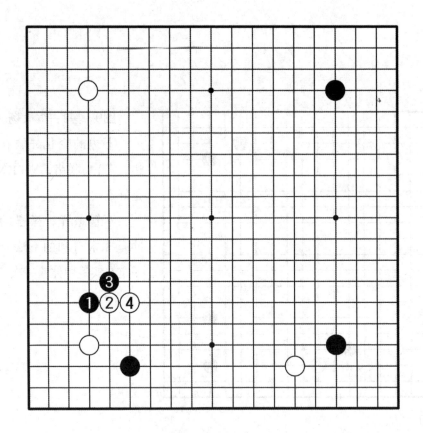

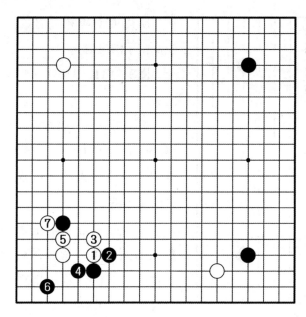

图1

对于一边高挂的双飞燕，最常见的下法是——

图1 白1、3压长出头。进行至白7，这是让子棋中非常有名的定式。

但是本图在职业棋手之间的对局中很难见到，原因是——

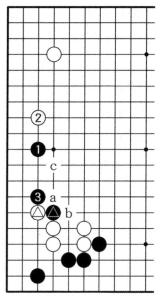

图2

图2 此时黑有1、3的后续手段。

接下来若白a、黑b，白棋很难处理。

因为不喜欢黑1、3的手段，所以白△可能考虑在c位夹击。但这样一来黑▲仍然活力十足，日后会造成白棋的负担。

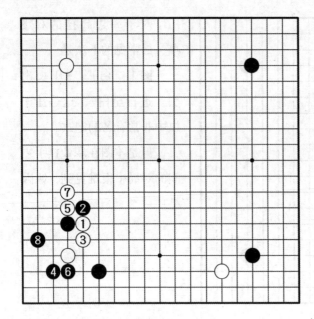

图3

所以面对黑棋高挂，职业棋手的应对是——

图3 白1、3从这一侧出头。

黑4点三三，白5断，黑6渡过，白7长。白棋形厚实，一直以来的评价都是白无不满。

但是随着近年来重视角地的倾向越来越强，对于这个定式的评价也出现了改变。"黑8小飞之后，白稍有不满"。

现在AI新手登场——

图4 白1长。

以前的思路是"白a好点"，对于白1并没有进行深入研究。既然AI认为白a不好，那么白1长就成为研究的重点。

结论是白可战，因此成为主流的选择。

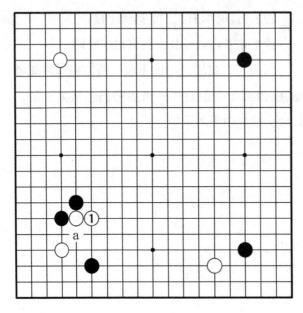

图4

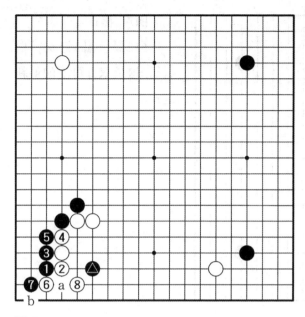

图 5

图5　黑棋的应手中最具代表性的是点三三。

白2挡，进行至黑5交换，白6、8二线扳虎好手。白8与a位粘相比，对黑▲的威胁更大。

同时白8虎之后还有a位扳的后续手段，价值极大——

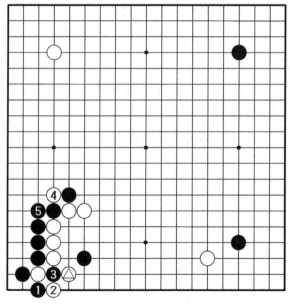

图 6　　　　　　　　　⑥=提劫

图6　黑1打吃。

接下来白2做劫是白△的既定手段。黑3提劫，白4打吃是绝好的本身劫。

白6提劫之后，黑没有劫材——

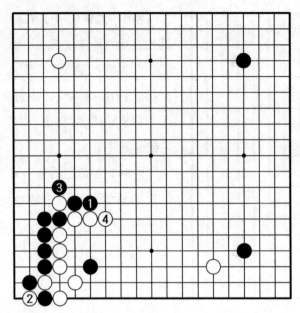

图7

图7 黑1压。

白2提，黑3打吃，白4长，这是双方可下的最新定式。

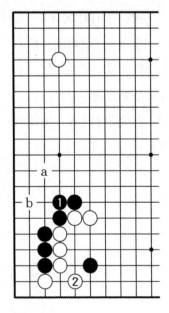

图8

如果黑棋不满意，图5中的黑7——

图8 黑1粘也是一种选择。这样白2虎是冷静的好手。

白棋形得以加固，接下来白a好点，后续还有b位搜根的手段。本图应该是白棋满意。

回到最初，白棋压长的时候——

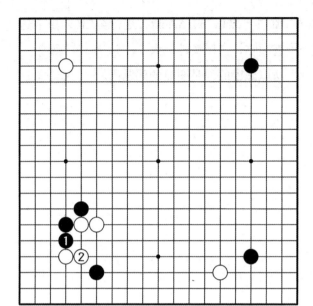

图 9

图9 黑1顶不成立。有时候顶是最普通的手段，但在此时是失着。

白2长——

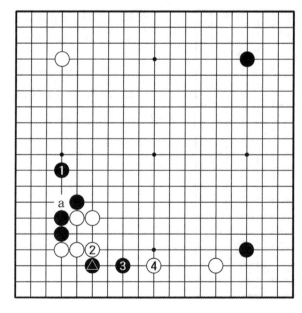

图 10

图10 此时黑1小飞，补了a位的断点。白2压，黑⚫一子变弱。

黑3跳，白4攻击，明显黑棋变重，苦战。

但是——

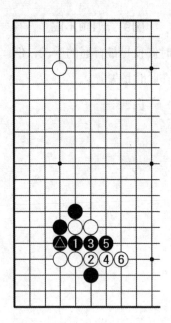

图11 黑1、3、5冲断，进行至白6，黑下边一子被净吃，白棋实地极大。

所以黑△的顶是明显的问题手。

图 11

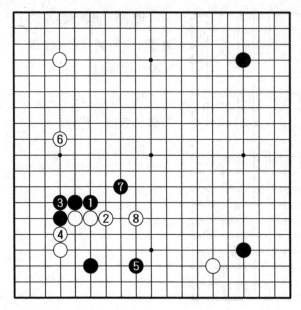

图12 黑1压是正解。

白2长，黑3粘，白4顶，接下来黑5在下边拆二。白6，黑7，白8交换，形成了全局互攻的局面。

黑3如果——

图 12

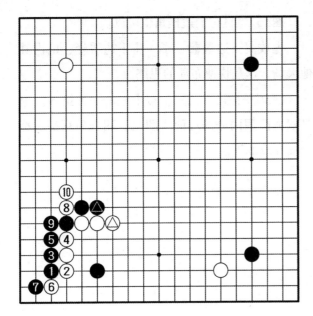

图 13

图13 黑1点三三不是好选择。

白2挡应对，进行至白10，黑外围两子被攻击，黑▲与白△的交换明显亏损。

黑▲与白△交换之后再黑1点三三会陷入苦战。

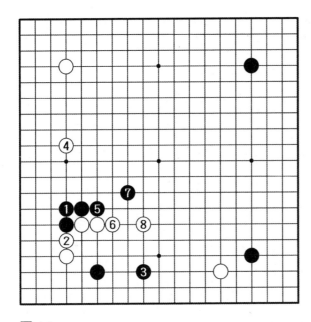

图 14

图14 黑1粘也是可选的下法之一。

白2顶，黑3拆二。白4至8进程与图12相同，仍然是前路不明的复杂局面。

黑 3 若 不 在 下 边 落子——

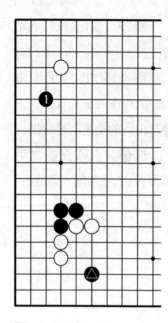

图 15

图15 黑1在上边挂角也可以。

先放着下边黑△一子，将下边看轻，抢占其他大场，这是快速布局的思路。

图5中的黑1点三三，接下来的手数虽多，但是双方简明两分的局面。图12、图14单粘是选择全局互攻的下法。

问题 24

突然消失的定式

白1夹击、黑2托、白3拆二是曾经风靡一时的定式，如今在对局中已经完全看不到它的身影。

这里将解释其中的缘由。

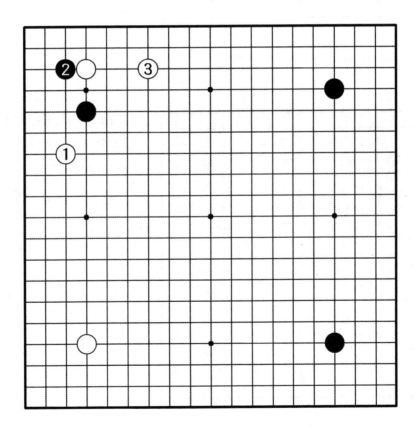

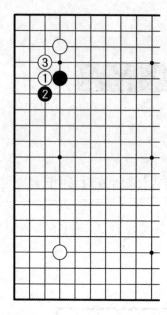

图 1

问题中的白3的下法为何没人选择了呢？理由如下——

图1 对比一间高挂，白基本都是1、3托退应对。

夹击的下法现在已经越发少见，这就可以明确解释问题图中白3消失的理由了。

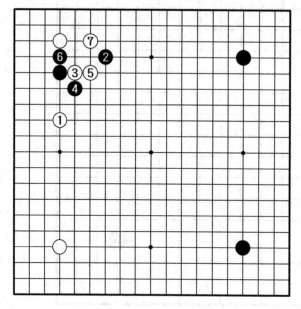

图 2

图2 首先白二间高夹。黑2飞压，白3、5靠压出头是以前的常见定式。

接下来黑6顶，白7跳——

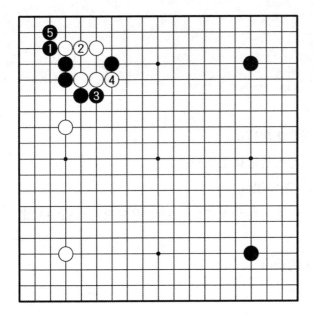

图 3

图3　黑1至5是延续了多年的定式基本型。

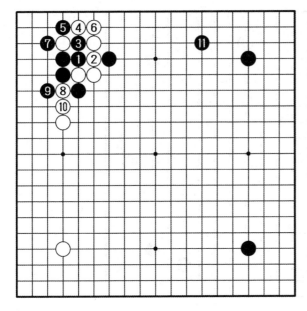

图 4

图4　AI认为黑1、3的朴素下法是最好的选择，对于本型的评价发生了改变。

进行至白10告一段落，以往的评价都是认为白好。而AI选择了黑1至11的下法，评价也出现了惊人的逆转，AI认为此时黑明显有利。

因此图2的白1二间高夹如今也已经无人选择。

解释问题图中白1、3的问题非常简单。

如果是人类棋手面对AI，此时的选择也是——

图5　黑1至5在角上做活，明显黑好。

白6拆二告一段落，黑棋先手获得角上实地。对于重视角上实地的AI来说，本图肯定也是认为黑好。

这就是问题图白1、3消失的理由。

图5中黑3尖顶的理由是——

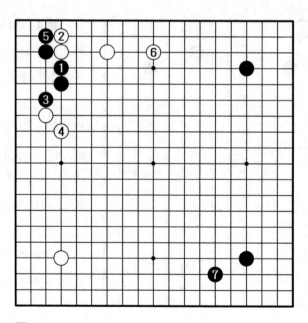

图5

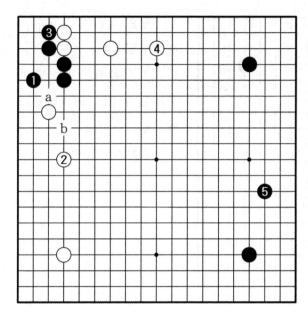

图 6

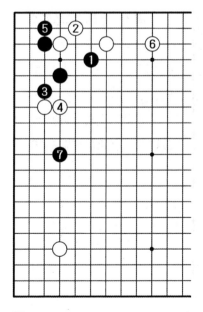

图 7

图6　以往的定式下法是黑1跳，进行至白4定形。

但是现在对局部棋形的理解是，与黑1在a位、白2在b位孰优孰劣难以分辨。但是白2的棋子位置远离黑左上角的坚实棋形，似乎更有利一些，更何况白2还有脱先他投的可能性。

另外面对黑1跳，白2还可能在3位拐进角。

相比图5的进程，黑棋更满意，而且没有变化的可能。

再稍微做一下补充。

图5中的黑1还可以——

图7　黑1飞压好手。白2小尖，黑3、5进角，白6拆二局部告一段落。

本图黑棋比图5的黑棋更好——

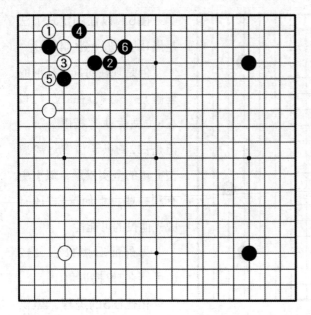

图 8

图8 白1可以反击，进行至黑6转换。

本图各有所得，但是黑棋是否比图5的黑棋更好呢？这一点存疑。

图5中的黑3可以——

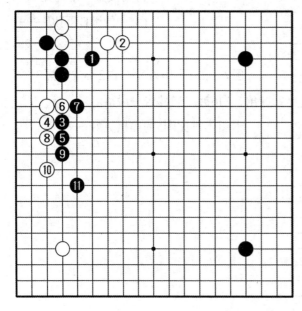

图 9

图9 黑1跳也是好点。

白2并，黑3肩冲。白4至10，黑11扩大中腹模样。

本图与图5，各位读者可以根据自身的喜好做选择。

问题 25

重新评价压长定式

有些曾经风靡一时又淡出的定式，随着AI登场再次大放异彩的下法——黑1压长就是其中之一。

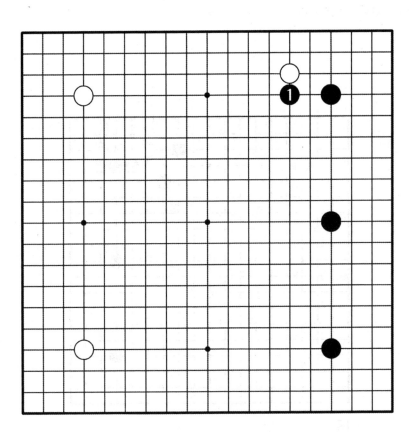

问题图中右边黑棋三连星开局，中国流也可以。为了在右边形成模样，此时对手挂角，压的下法有了再次流行的可能。

原本压是让子棋专用的手段，AI常常使用。后续的定形黑棋可以满意，对于压的理解开始改变。

AI之前，想要扩大右边黑棋模样，黑棋会——

图1　黑1一间夹是常见手段。进行至黑7是尽人皆知的基本定式。

但是AI认为白6可以——

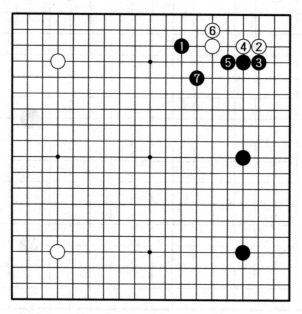

图 1

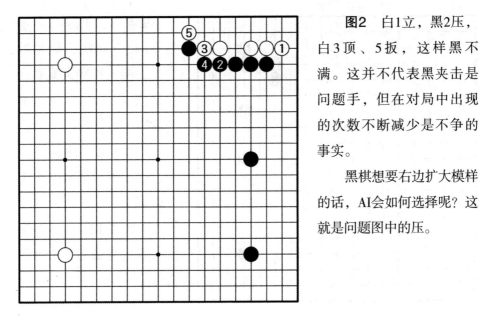

图2 白1立，黑2压，白3顶、5扳，这样黑不满。这并不代表黑夹击是问题手，但在对局中出现的次数不断减少是不争的事实。

黑棋想要右边扩大模样的话，AI会如何选择呢？这就是问题图中的压。

图 2

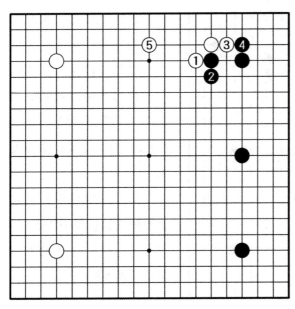

图3 白1扳，黑2长。白3长、5拆边是常见的基本定式。这个定形原来的评价是"在白棋形坚固的同时黑右边还有薄弱点，让子棋可以这样下"。接下来黑棋还要在右边补棋，明显行棋速度慢。

AI此时的选择是——

图 3

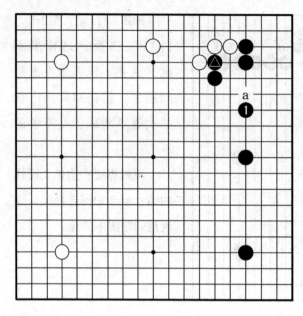

图 4

图4 黑1拆二（不是在a位一间跳，而是拆二）。相信很多人看到会发出惊叹：什么，就这么简单吗？！

黑1是很自然的一手棋，这是因为旧有观念十分固化。

本图黑1拆二可以满意，因此黑△的下法开始流行。

图3中的白3如果——

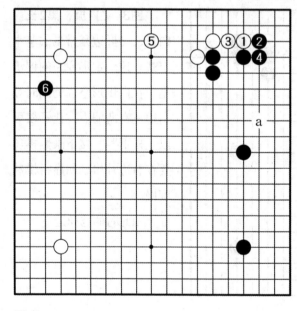

图 5

图5 白1托，黑2、4应对，白5拆边告一段落。

与上图相比，白棋可以破掉黑棋更多角地，但这样一来黑4粘棋形厚实，白在a位打入之类的难度变大。

而且黑棋可以在右边暂时脱先抢占黑6挂角之类的先手，与图4各有好坏，但还是黑满意的局面。

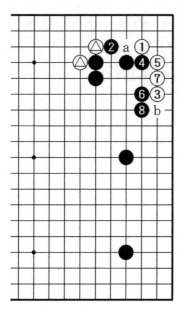

图 6

图6　白1点三三，黑2虎（此时若黑4挡、白a连回，黑不满）。白3大飞，黑4至8封锁获取厚势。此时白△的活力明显变弱，黑满足。

白3若在7位小飞，黑b位夹击严厉。这样白只能在角上委曲做活，黑无不满。

图3至图5都是白不利，那么——

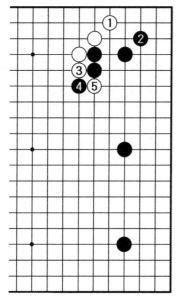

图 7

图7　白1小尖、3压，黑4扳，白5断，这也是白棋相对吃力的局面。

181

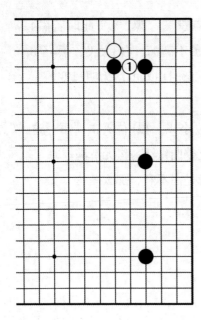

图 8

如果对图7也不满意，那么回到最开始。在黑压的时候白棋——

图8 白1挖寻求变化。

但是这个下法有前提条件。

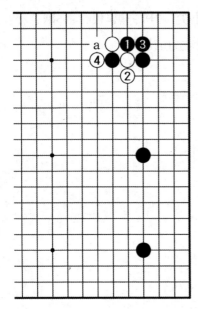

图 9

图9 黑1断吃、3粘，白4征吃必须有利。若白此时只能a位长，白棋明显不利。

进行至白4，白优势。

这是一直以来对本图的评价，我也表示认同，但是此时AI认为黑3可以——

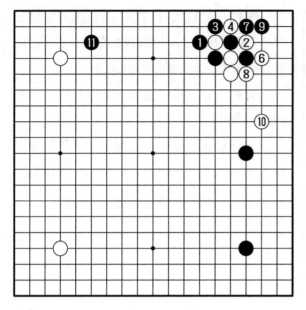

图 10

❺=粘

图10 黑1打吃，白2至6转换，黑7、9获取角地，AI认为本图黑稍好。但真的是如此吗？我对此略有不解……

因为重视AI的评价，所以本图的变化出现之后图8中的白1被抛弃。

那么面对白1挖，黑若是——

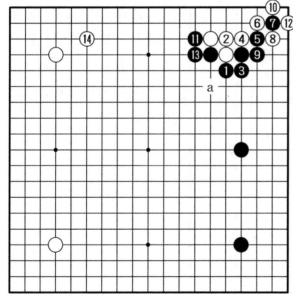

图 11

图11 黑1打吃、3粘，白4进角，进行至黑13告一段落。

右边黑棋的模样中白还有a位侵消的后续手段，白14可以抢占大场，白可以满意。

图11的黑3粘改为——

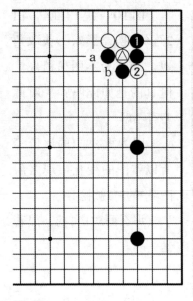

图12 黑1挡,白2断,这里的战斗黑棋有些勉强。因为白a、黑b没有交换,对于白棋是有利因素。这也是白△的意图。

面对白挖,只要黑棋在上边打吃,结果就是白满意。

但是AI认为黑在下边断吃的手段就是黑好(这一点本人存疑),所以AI认为面对黑压,白棋不应该选择挖,而是——

图 12

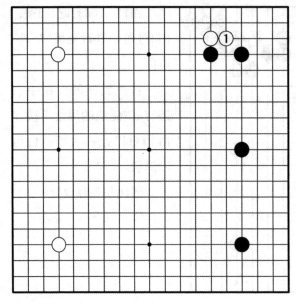

图13 白1长是AI喜爱的手段。这手棋乍一看似乎并不好,但是实际使用之后发现确实是有利的应对方法。

图 13

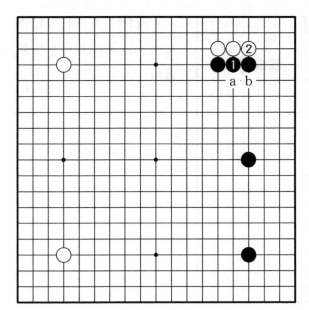

图 14

图14 黑1粘。若黑在2位挡，则白1位冲，黑a，白b，还原图12。

黑1之后，白2爬进角——

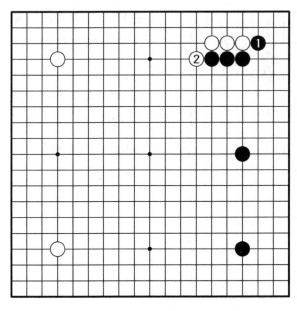

图 15

图15 黑1扳，白2外扳，这是必然的交换，接下来黑棋有两个选择。

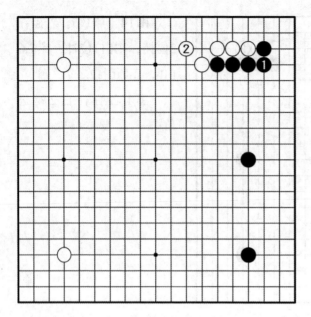

图 16

图16 黑1粘，白2虎交换，这是最有代表性的进程。

本图的结果——

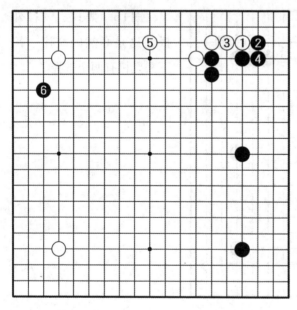

图 17（图 5）

图17 可以看出，相比之下明显图16的黑棋未来发展的可能性更大。

图5黑满足，图16是两分——现在图16经常出现。

黑1的另一个选择是——

图18 黑1断，白2至12是一本道。

黑11打吃好点，这比图16明显有利，但是白有了a位的侵消手段，各有优劣。此时上边白棋数子得到加强，白无不满。

接下来对本形进行整理。

黑压是有利的手段。

AI认为白棋的应手不是挖，而是长。

图16、图18白无不满，后续会站在黑棋的立场上思考对策。

常年占据最简明定式排行榜的星位定式，如今也焕发了新的生命。围棋的魅力真的是妙不可言。

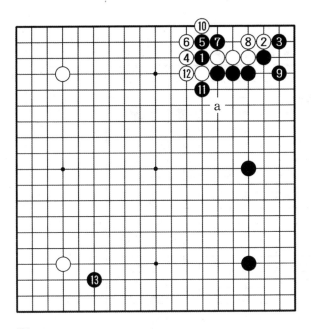

图 18

不断扩张模样决胜

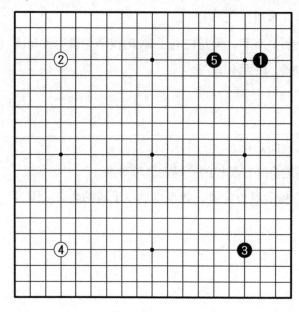

图 1

在试图扩大模样的对局中，不能拘泥眼前的实地。"扩大模样，攻击得利"是关键。

这里举出具体事例来说明大模样对局的诀窍。

图1 黑5二间跳——

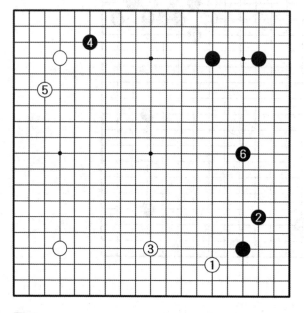

图 2

图2 白1至黑6，双方各在一边形成模样。

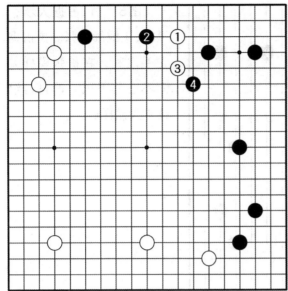

图 3

图3 白1挂，黑2、4应对。

上边黑模样被破坏，取而代之的是右边形成了理想的模样。通过攻击白棋，黑棋自然而然地在右边有所得。"即使模样被破坏，在其他区域继续扩张即可"。

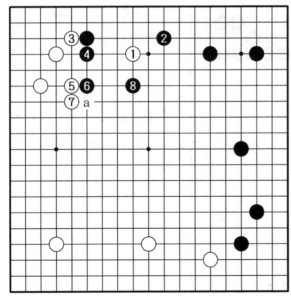

图 4

图4 白1、黑2交换，白3、5，黑6、8，攻击白1，黑可战。

白5若在8位跳出头，黑a大跳，仍然保持对白二子的攻势。

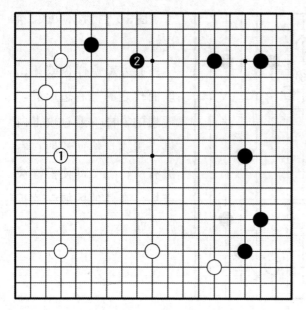

图5　白1占据大场，黑2大飞继续扩张。黑占据先手之利，在扩张模样方面不会落下风。请自行继续扩大模样吧。

图5

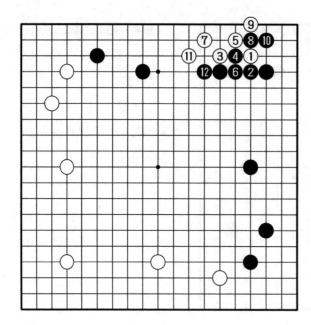

图6　白1、3破坏右上模样也不用担心。

黑4至12自然在右上筑起厚势，右边的模样非常可观。这样一来上边被破坏的损失很快就得到了补偿。

白3若是——

图6

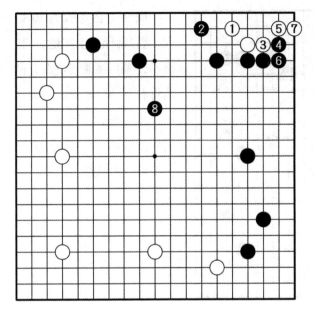

图 7

图7 白1小尖，黑2小飞封锁，进行至白7，白棋在角上做活。

黑棋获得先手继续扩大模样，角上损失不大，在全局的模样是压倒性的优势。

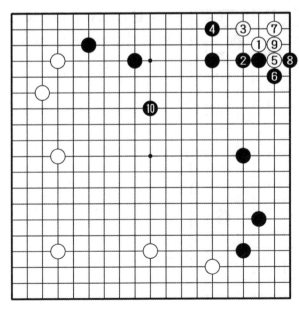

图 8

图8 面对白1碰，黑棋的思路相同。黑2、4封锁，进行至白9，白棋在角上做活，黑10绝好点，黑优势。

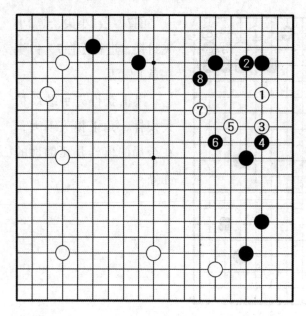

图9

图9 白1从右边打入，黑2确保角上实地。白3拆一，黑4、6继续攻击，自然将右下的模样变成实地。

本图仍然贯彻着"一边模样被破坏，在其他地方挽回即可"的思路在落子。

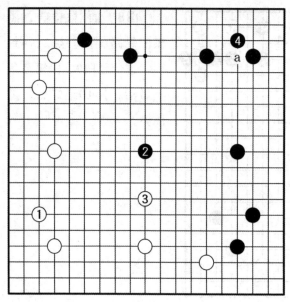

图10

图10 双方将全局大场都下完的局面，黑4守角、a位守角是好手。

问题 26

新手法=直接托

　　挂角之后，面对星位的第二种手段是AI创新的点三三。如今黑1托成为第三种选择。

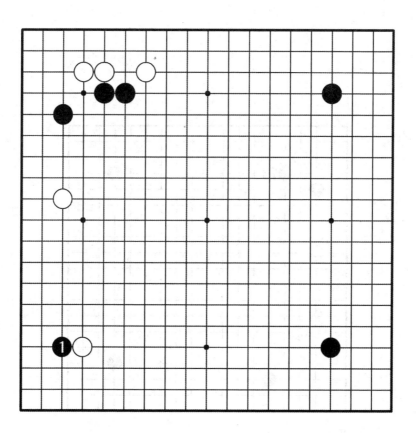

面对星位占角直接托——虽然这是以前就有的下法，但使用有个前提。这是周围的棋子配置已经有一定厚度的特殊场合手段。如问题图中这样，在序盘就直接托是绝对没有见过的。

但是最近这手棋与挂角、点三三一样，成了面对星位占角的普通手段之一。

图1 黑1挂角，白2跳，此时白△拆边成了好点。

△位是好点的情况下，黑三子会变得孤立无援。黑1挂角不是好选择。

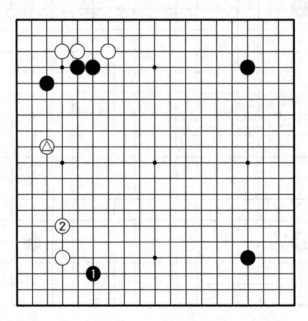

图 1

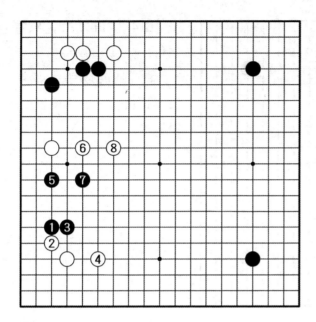

图 2

图2 黑1若在里面挂角，白2尖顶、4跳，对黑棋施加压力。

黑5拆二、白6跳、黑7、白8是既定进程，这样黑棋上边三子仍然没有安定。虽然本图不能说黑棋不利，但从心情上黑棋多少有些不满。

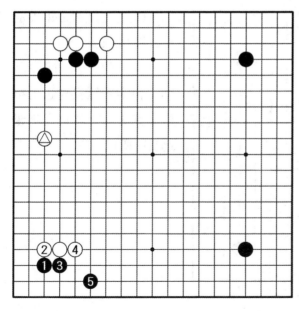

图 3

图3 黑1点三三，白2挡。

黑3爬、5小飞做活，此时白△还是绝好点。本图黑棋还是略有不满。

这时问题图中托的变化就浮现在了脑海中。

这是介于图2的挂角、图3的点三三的创意手段。

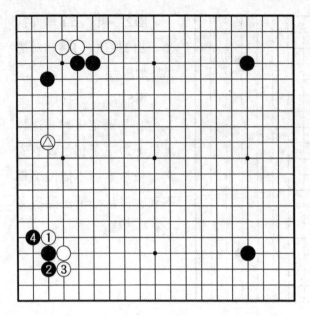

图 4

图4 白1外扳，黑2进角。

白3是问题手，黑4扳，让白△一子的位置变得不佳。

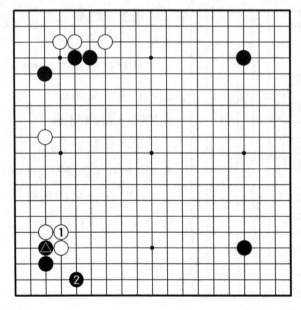

图 5

图5 白1粘是正确应对，黑2小飞。

棋子的方向与图3相同，但本图黑棋左边的棋形更完整——这也是黑△的目的所在。

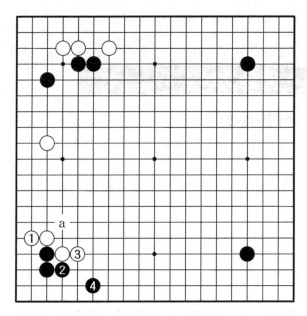

图 6

图6 白1立，黑2拐、4小飞出头。左边还有黑a刺侵消的后续手段，与前图相比，黑棋明显更加满意。

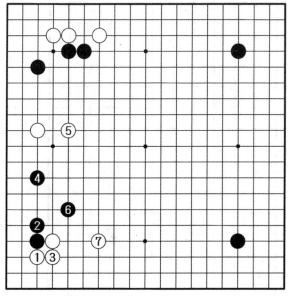

图 7

图7 白1在角上扳，黑2长，进行至黑6成功整形。与图2相比，黑棋得以进角，自身眼位充足。

白棋无论从哪边扳，棋形都会受到黑棋的破坏，这是黑棋的权利。

问题 27

分投不好?

面对黑棋"星位与小目守角"的开局,以往白棋一般都会选择白1分投,如今已经几乎绝迹。

这是为什么呢?

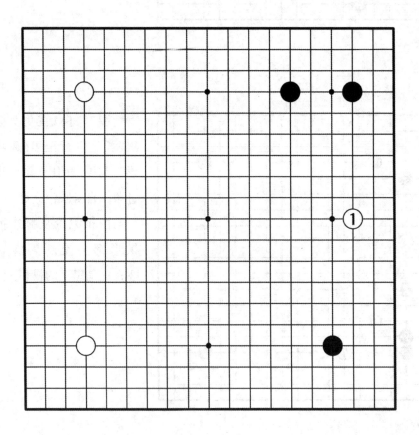

白棋分投越发少见的理由，主要是——

图1 黑1、3、5是有利的封锁手段。

图1

图2 白1、3挖粘，黑4长。白5、7吃掉黑一子，黑8、10在下边扩张。

黑棋的未来发展潜力巨大，对本图的评价是黑好，白步调慢。

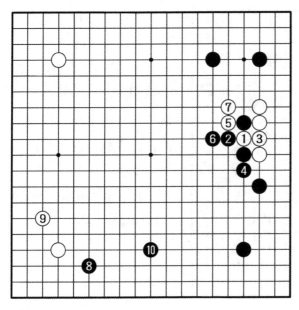

图2

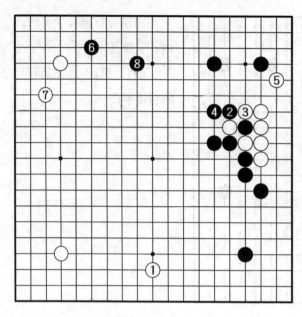

图 3

上图白7若是——

图3 白棋在右边脱先，选择白1抢占下边大场。

但是此时黑2打吃、4长先手封锁，接下来黑6、8，这样黑棋在上边形成了大模样。

黑棋在中腹形成了比上图更厚的外势，本图白棋不能满意。

那么如果白5继续脱先——

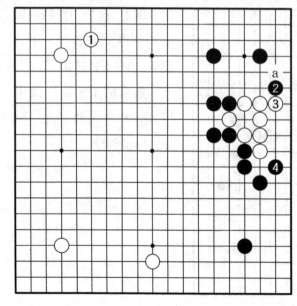

图 4

图4 白1继续占大场，黑2、4夺取白棋眼位。

虽然白棋不会被杀（白a可以做眼），但这样帮助黑棋外围走厚，即使做活，白棋也无法接受。本图白大亏。

若不想形成图1中的黑3、5的局面——

图5 黑▲逼住，白1跳出头以防被封锁。

但是这样下没有实地，还是稍有不满。在重视实地的思路影响下，白1跳的下法会更少。

另外白1也有在a位一带小飞拆边的手段，但黑b、白c、黑d之后，白眼形局促，明显也不是满意的局面。

分投本来的思路是两边拆二见合，现在自己放弃了拆二获取根据地，那么分投本身的意义就变得微妙了。

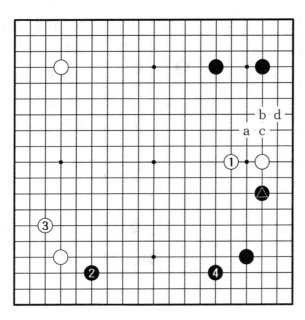

图 5

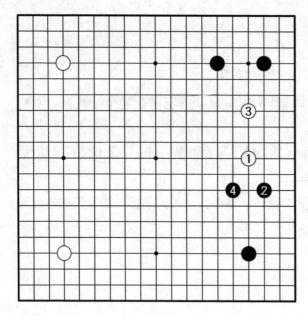

图 6

图6 白1高位分投，意在黑2逼住的时候可以保持快速的行棋步调。

但是黑棋只要自然应对即可。假如白3拆二，黑4跳好点。接下来还保留着攻击白棋的可能，黑依然掌握局面的主动权。

重视角部实地是最近的发展倾向，面对白低位分投——

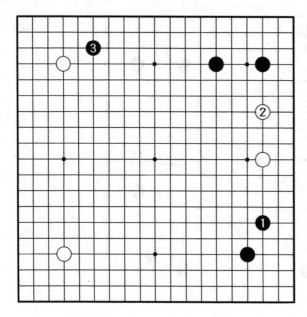

图 7

图7 黑1、3两边都有所得，本图也成了越来越多棋手的选择。

现在白棋不会分投，而是——

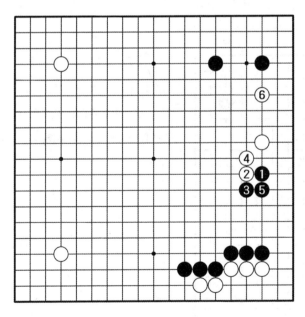

图 8

图8 白1点三三是流行下法。

以下是变化之一，进行至黑10，白棋可以获得先手，白11分投。

图 9

图9 黑1逼住，白2、4限制黑棋模样的发展。

就本题来说，黑棋右上的守角是好形，不论后续如何变化都能发挥效用。

虎丸流推荐布局

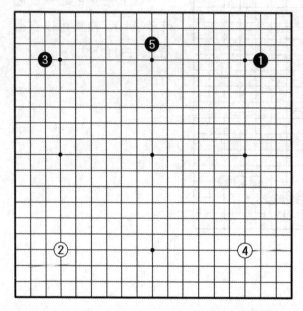

图1

这里给各位读者推荐比较常用的布局。

图1 黑1、3向小目，黑5拆边是有利的布局下法。

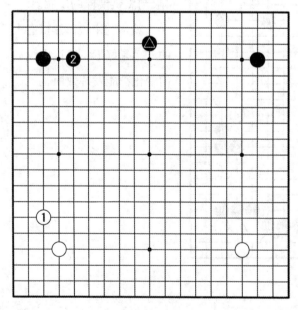

图2

图2 白1占据大场，黑2守角。

黑一间跳守角和黑△棋子搭配绝佳，黑无不满。

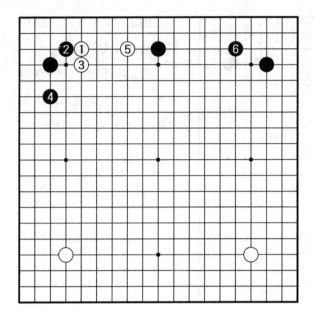

图 3

图3 白1小飞挂角，黑2尖顶、4跳应对。

白5拆二棋形局促，黑无不满。黑6小飞守角棋形充分。

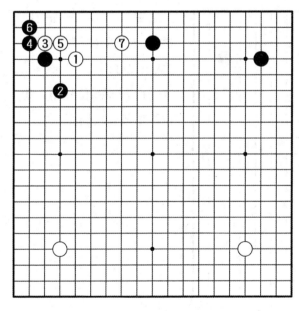

图 4

图4 白棋选择一间高挂比较妥当。

黑2若小飞，白3至7局部可以做活。本图的白棋明显比图3的白棋要好得多。

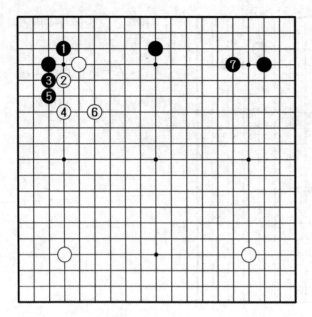

图 5

图5 黑1小尖夺取白棋根据地并发起攻击。

白2至6整形，黑7获得先手守角可以满意。左上的白棋还有被攻击的可能。

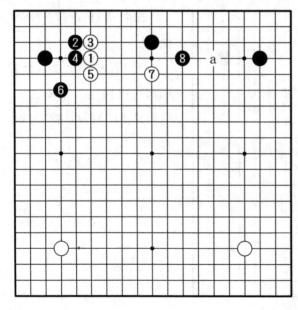

图 6

图6 白1二间高挂，黑2至6夺取白棋根据地，黑8小飞好调。

白7若在a位挂角，黑7位跳形成互攻局面。

问题 28

一手安定的拆二

面对黑1小尖，以往的下法是白2拆三。

现在这样的下法已经几乎绝迹，取而代之的是白A拆二，一起来验证其中的缘由。

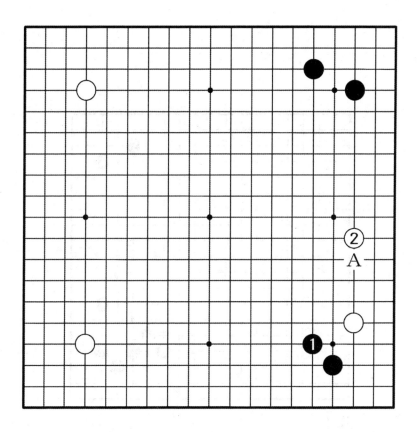

先从拆三开始吧。如格言所说，拆三可以打入——

图1 黑1打入成立，但既然白棋选择了拆三，就一定对打入想好了应对之策。第一种下法是白2、4压长。

为了防止断点，黑5虎补。接下来白6小尖吃掉黑1。黑7、白8先手交换，黑弃掉黑1一子，下边棋形得到加强。两分。

第二种下法是——

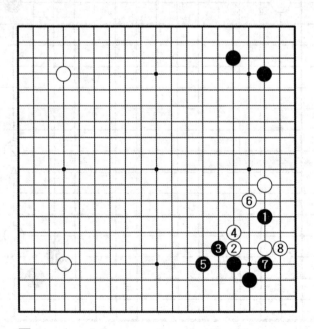

图1

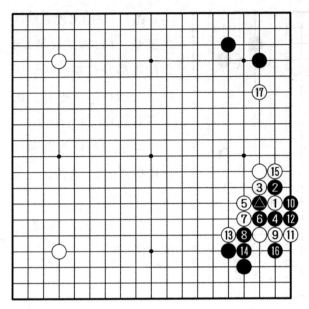

图2

图2 白1托。目的不是要吃掉黑△,反而是意在弃掉白1。

黑2、4分断,进行至白15,白棋局部获得先手,白17抢占大场。本图也是两分局面。

如果黑棋不打入——

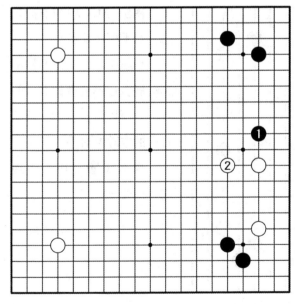

图3

图3 黑1逼住,白2跳。拆三棋形舒展,白无不满。

所以虽然拆三的下法已经很少见,并不是因为拆三本身有问题。

一直以来觉得不太满意的拆二,如今反而被认为是有利的下法。

下一页会就此进行讲解。

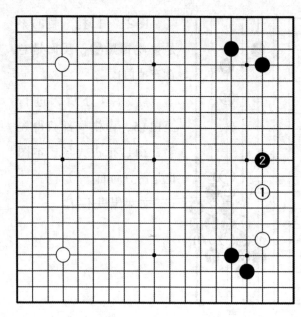

图 4

图4　在AI出现之前的理解是，白1拆二、黑2逼住的棋形是白棋不满。所以认为选择拆三更好，因为不需要担心打入。

但是AI的见解是即使白棋拆二被黑2逼住，也是可以接受的。

在白1拆二、黑2逼住的时候——

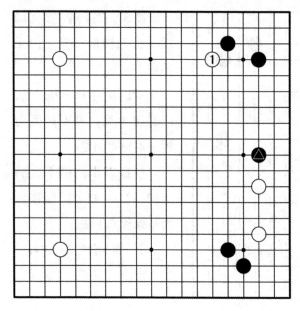

图 5

图5　AI认为白1肩冲是防止对手模样发展的好点。

白棋拆二的棋形即使不算舒展，也不会遭到严重的攻击。所以没必要拆三留下打入的空隙给对手。

那么黑▲不在右边逼住，而是——

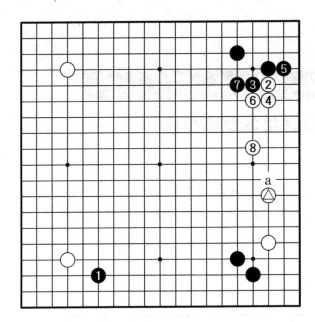

图 6

图6 黑1挂角占据下边大场，白2至8在上边扩张好形。

此时白△明显位置要好于a位，这也是拆二的优势。

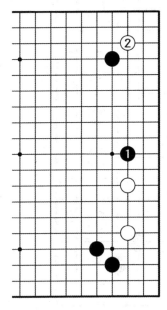

图 7

图7 右上是星位的场合，黑1逼住，白2点三三。

总结一下，黑棋逼住并不严厉是拆二流行、拆三衰退的最大原因。

问题 29

重视速度的最新棋感

上题中的白3拆二、白5肩冲之后的局面，因为白棋拆二不会遭到严厉攻击，所以本图得到的评价是白可下。那么如果右上黑棋是二间跳守角呢？

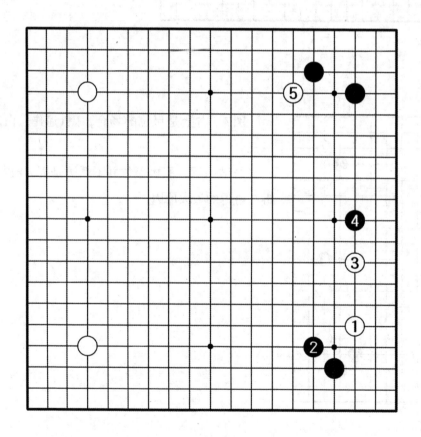

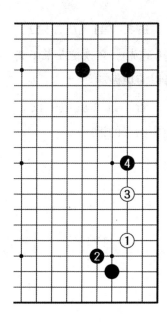

图 1

若右上黑棋是二间跳守角——

图1 黑4之后，白没有了右上肩冲的后续手段。这样的话白3拆二也是好手吗？

马上就回答这个问题——

原本黑4就不是绝对的急所，所以白拆二并没有任何问题。也就是说不管黑棋在右上角如何守角，黑4也不是白棋需要担心的问题。

具体来说——

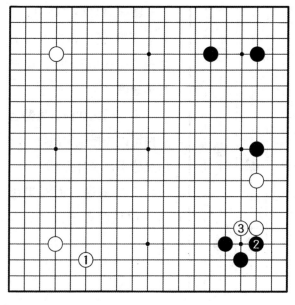

图 2

图2 白棋在右边脱先，选择白1之类的大场。

黑2尖顶，白3长，后续黑棋没有好的攻击手段。

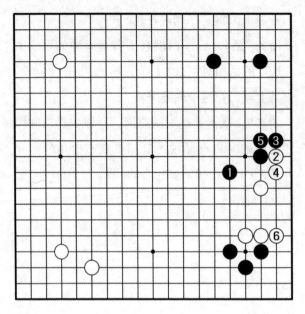

图3 黑1飞压，白2、4托退先手交换之后白6立可以简单做活。

若不选择就地做活，想要出头的话——

图3

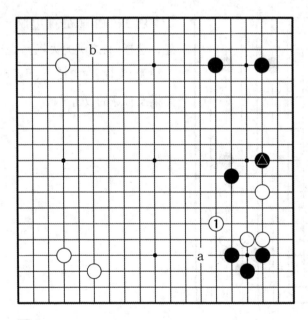

图4 白1小飞好手。

若黑a拆一，白可以继续脱先抢占b位大场，追求行棋速度。

不管后续如何，黑▲之后白可以选择脱先他投。所以黑▲不是绝对的大场。

反过来说，面对黑▲时，白棋脱先是最好的下法——

图4

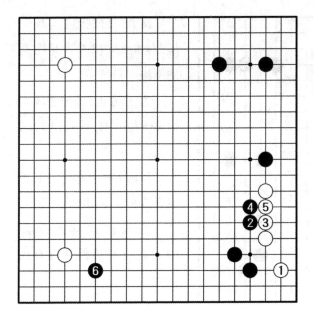

图5

图5　白1小飞进角做活反而是问题手。

黑2、4先手利，黑6挂角抢占大场，白棋明显棋子步调变慢。

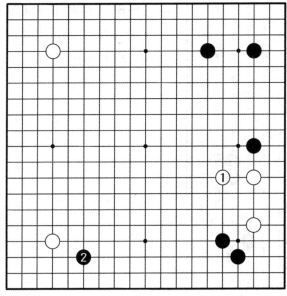

图6

图6　白1跳同样是缓手，黑2挂角。

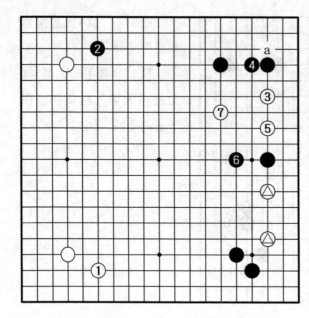

图 7

图7 白1抢占大场，黑2挂角，白3打入是有利的下法。

为了防止白a的手段，黑4补角。接下来白5、7出头。

黑6跳对白△拆二两子没有威胁，本图白无不满。

所以在这样的布局中，右边的价值并没有那么大——

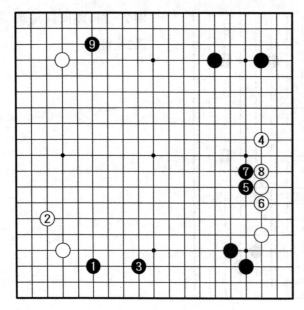

图 8

图8 白4并不是此时最大的选点。黑9可以获得先手占据上边大场。

问题 30

目外和高目

本书最后一个问题是"空角"。

黑1目外或者A位高目占角曾经都有选择的理由，但是现在已经……

我们来探讨一下其中的原因。

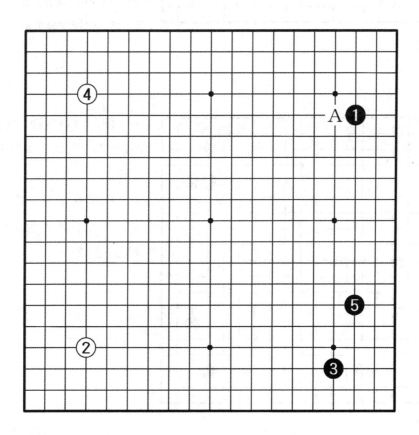

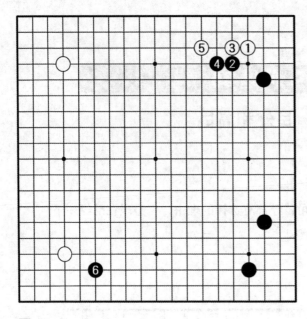

图 1

现在占据空角的方式星位和小目是主流，三三也不时出现。

那么为什么目外和高目逐渐消失了呢？虽然原本也没有如星位、小目占据那样流行，但现在是在对局中完全失去了踪迹。

先从目外开始吧。

图1　白1低挂，黑2飞压是如今认为的好点，进行至白5，白棋明显被利。

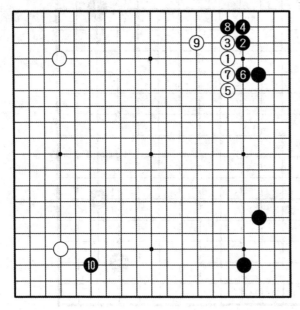

图 2

图2　白1高挂，黑2、4获取角上实地，本图黑无不满。

白棋在小目、高目挂角并不是目外占角淡出的原因，那么——

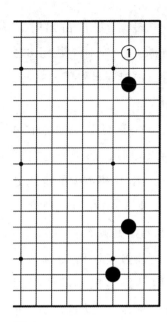

图3 白1三三进角是AI不喜欢的手段。

图 3

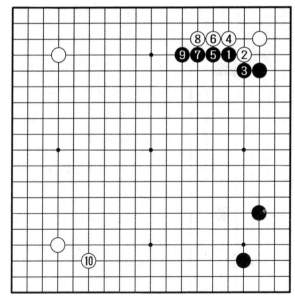

图4 黑1飞压，白2尖顶、4扳，白8、黑9先手交换之后，白10抢占大场。本图被认为是白好下。

鉴于此，我个人的猜测是——

图 4

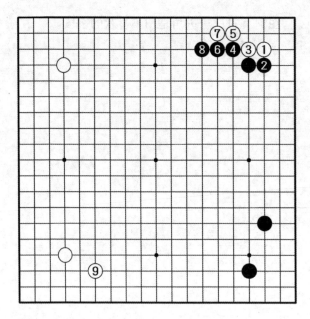

图 5

图5 星位占角时，白1点三三应对。黑2至8之后，白棋获得先手，白9占角大场。

本图与上一页的图4结果相似，都认为是白可下，图4白棋占据的角地更大，所以站在白棋角度，图4明显更满意。

反过来对于黑棋来说，图4已经是黑不满的局面了，所以我认为这也是目外淡出的理由。

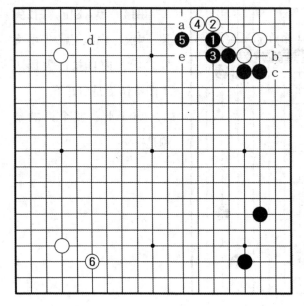

图 6

图6 黑1连扳，进行至黑5也是一种定式选择，同样白棋可以获得先手占据大场。接下来黑a、白b、黑c交换，白可以继续脱先占据d位大场。

黑5若在6位挂角，白e是绝好点。

所以目外占角，只要被对手抢占三三就明显不利。

接下来说说高目。

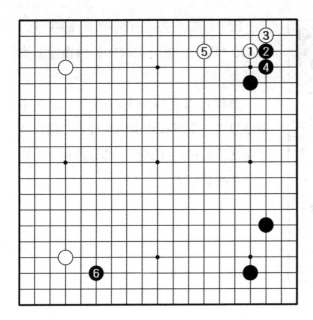

图 7

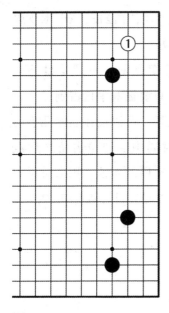

图 8

图7 白1小目挂角，黑2、4托退，白5拆二告一段落。

这是普通的定式，黑无不满——

图8 此时黑1三三进角仍然是有利的下法。

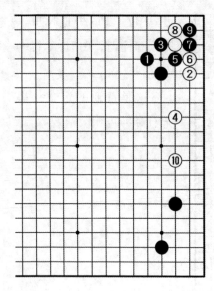

图9

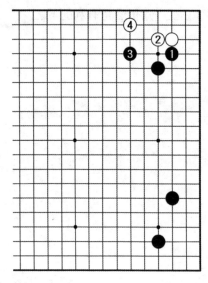

图10

图9　黑1小尖，白2小飞，黑3尖顶，白4大飞出头，进行至白10，白在边上快速拆边。

黑棋可以吃掉角上白两子，但用手割法思考一下可以将本图理解为"黑1、5守角之后被白2、6破掉一部分角地"的局面，黑明显不满。

图10　黑1尖顶，白2长、4小飞获取实地，仍然是白好。

综合以上的变化图，不管是目外也好，高目也好，只要被对手抢占到三三，结果都不尽如人意。所以现在已经几乎消失在了棋手的对局中。星位占角之后点三三都可以获取丰厚的实地，用来对付相对更为薄弱的目外和高目自然更有效果。

后 记

首先非常感谢各位读者。

自从2016年AI"阿尔法围棋"横空出世以来，围棋的技术在以无法想象的速度进步，仅仅过了5年时间，很多"常识"已经遭到了颠覆。

AI出现之前，小目定式的变化是最多的。现在因为"小飞挂角会被对手尖顶或者小飞守角""一间高挂会遭到托退"，小目定式的数量在快速地减少。

另外，原本定式数量不多的星位，在直接点三三的下法出现以后演变出了大量变化复杂的定式。这是在5年前无法想象的。

这场技术革命到现在还在快速发展中。本书内容源自从2019年1月开始在《棋周刊》杂志上连载的讲座。过了两年多，很多棋形的评价已经开始改变，所以在本书出版发行时又做了部分修改和补充。

棋力比职业棋手要强三子以上的AI到现在仍然没有找到最终的"正解"。笔者更是如此，未来还要继续找寻自己的答案。各位读者也请按照自己的思路来对局，感受下棋的快乐。

希望阅读本书能给大家带来一定的收获。

2021年6月

芝野虎丸

围棋死活大事典

（日）张栩 著

苏甦 译

出版日期：2024年4月

书 号：ISBN 978-7-5591-3368-7

定 价：68.00元

围棋手筋大事典

（日）山下敬吾 著

苏甦 译

出版日期：2024年4月

书 号：ISBN 978-7-5591-3369-4

定 价：68.00元

围棋定式大事典（上卷）

（日）高尾绅路 著

苏甦 译

出版日期：2024年4月

书 号：ISBN 978-7-5591-3371-7

定 价：58.00元

围棋定式大事典（下卷）

（日）高尾绅路 著

苏甦 译

出版日期：2024年4月

书 号：ISBN 978-7-5591-3370-0

定 价：58.00元